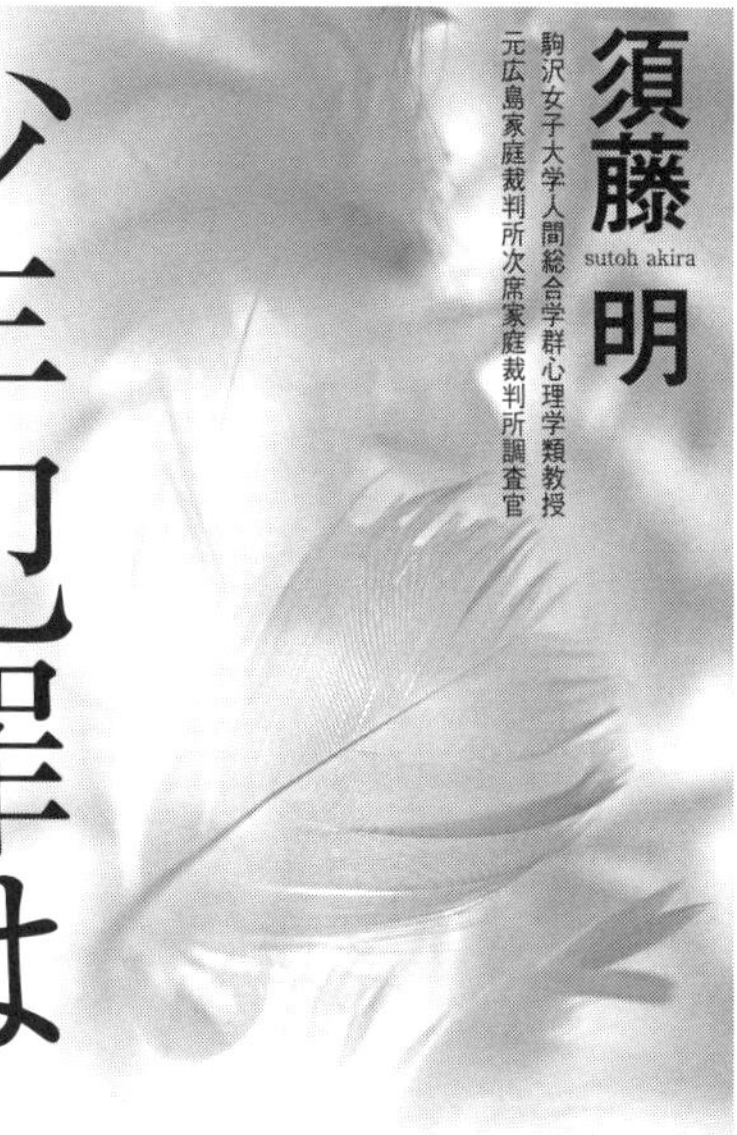

須藤 明
sutoh akira
駒沢女子大学人間総合学群心理学類教授
元広島家庭裁判所次席家庭裁判所調査官

少年犯罪はどのように裁かれるのか。

成人犯罪への道をたどらせないために

合同出版

■もくじ

まえがきにかえて

新聞報道などでご存じの方も多いと思いますが、少年法の適用年齢が20歳未満から18歳未満に引き下げられようとしています。法務省の諮問機関である法制審議会に設置された「少年法・刑事法（少年年齢・犯罪者処遇関係）部会」で約2年前から検討を重ねられていますが、その検討の中身（少年非行に関する事項）については、引き下げありきを前提とした危うい議論になっていると考えています。

少年事件は、その秘密性などから広く国民に理解されているとは言えません。統計的には事件数が減少しているにもかかわらず、「増えている」「凶悪化している」といった誤解が未だに絶えません。少年法適用年齢引き下げの是非は、どのような社会を作っていくのか青少年の育成にかかわる大きな問題であり、国民的な議論が必要です。そのためには、少年事件の現状や制度、そこにかかわる多様な専門職について、多くの皆さんに知っていただく必要があると考えています。

少年法は２０００年に大きな改正がおこなわれました。当時私は現職の家庭裁判所調査官であり、改正の議論が法律家中心で進み、実務家の声が届きにくいことに忸怩《じくじ》たる思いを抱きました。今回の適用年齢引き下げ論についても、多くは公務員である実務家たちは、その推移をじっと見守っているしかないのではないかと推測しています。

私自身は公務員としての立場を離れた今、大学研究者として、また、情状鑑定（心理鑑定）にも携わる臨床家の一人として、社会に対して責任ある発信をしなければいけない、そんな思いにも駆り立てられています。

本書は、大きく3つの要素で構成されています。

第1点目は、少年司法制度についての基礎的知識に関してです。少年が事件を起こして家庭裁判所の審判に付され、どのような処分がおこなわれているのかをできるだけ詳しく、具体的に紹介しています。国民からすると、こうした手続きの詳細は、これまでブラックボックスになっていたのではないでしょうか。特に、家庭裁判所の調査─審判の過程でおこなわれている「教育的措置」は、まったくといっていいほど知られていませんので、詳しく取り上げました。

第2点目は、2000年の少年法改正以降、少年実務がどのように変遷していったのか、特に被害者への配慮などこれまで欠けていた視点が導入されましたが、それらの実務面での影響を述べています。

第3点目は、現在議論されている少年法適用年齢引き下げについてです。適用年齢を引き下げることに伴うデメリット、そのデメリットを埋めようとする代替措置の問題点を実務的な視点で指摘しました。

なお、本書で取り上げている事例について付言しておきます。少年事件は、将来の更生を妨げないよう秘密性を重視しています。したがって、取り上げた事例や面接場面の逐語は、いずれも、少年事件の本質をお伝えするために私が作った事例です。いわゆる架空事例になりますが、少年非行の本質的な面は伝わるように工夫をしました。また、刑事裁判になった少年の重大事件に関しては、新聞報道で知らされている範囲内での記述にしており、不必要なプライベート情報を出さないよう留意してあります。

本書は、私というフィルターを通していますが、できるだけ偏りのない目で少年実務の実情を記述したものです。一般の方向けではありますが、心理の国家資格である公認心理師を目指す方、司法領域になじみが薄い心理専門職や福祉専門職の方にとっても、わかりにくい司法領域の仕事を知っていただくための入門書になることを意識しました。

本書が少年司法に関心を持っていただく契機になれば、これに優る喜びはありません。

須藤　明

第1章

少年犯罪の厳罰化への地ならしが始まった

1　成人年齢が18歳に引き下げられる

２０１８年６月13日参議院本会議で民法が改正され、成人年齢が20歳から18歳に引き下げられることが決まりました。民法が定める成人とは、たとえばクレジットカードを作ったり、ローンを組んだりすることが、親の同意がなくてもできることを意味します。この改正に伴って、女性が結婚できる最低年齢は16歳から18歳に引き上げられ、結婚できるのは男女ともに18歳以上となりました。

一方、法務省の諮問機関である法制審議会では「少年法・刑事法（少年年齢・犯罪者処遇関係）部会」という特別部会が設置され、２０１７年３月16日の第１回開催から月１回のペースで検討が重ねられています。法務大臣から法制審議会に対する諮問事項は、以下の２点とされています。

①少年法の「少年」の年齢を18歳未満とすること

②非行少年を含む犯罪者に対する処遇を一層充実させるための刑事の実体法・手続法の整備の在り方

となっており、２０１８年12月までに13回の部会が開催されました。民法の成人年齢引き下げが契機となって、少年法の適用年齢も18歳に引き下げることを前提にして議論がなされています。民法の成人年齢が引き下げられるのだから、少年法も当然に引き下げられるべきと思われるかもしれませんが、必ずしもそうではありません。なぜならば、飲酒や喫煙、競馬などの公営競技に関して認められるのは、これまでと変わらず20歳からです。健康面への影響や非行防止、青少年保護などの観点から、現状維持となっているのです。

ある年齢にすべて統一するとはかぎらないのが、世界各国においてもみられることです。たとえば、アメリカでは、少年法の適用年齢が16歳未満もしくは18歳未満であっても（州によって異なる）、お酒は21歳にならないと飲めないなど、統一されているわけではありません。この法制審議会では、少年法を引き下げなければならないという理由、つまり、現状の少年法での問題点を十分検討することなく、あたかも民法年齢とそろえることを前提として議論が進んでいることが大きな問題だと思っています。この点は、本書の後半で論じますが、その結果として、戦後の少年法が築き上げてきた少年司法のシステムや機能を大きく損ねかねない事態になると懸念しているのです。

ご存じのように少年犯罪は、少年法によって裁かれます。現行の少年法は、原則として14〜19歳の少年を対象としていますが、先の引き下げ論は上限の年齢を17歳までとして、18歳以上を成人の手続きに移行しようとするものです。適用年齢引き下げ論は、ある意味、世論の後押しもあります。

日本経済新聞電子版には、選挙権の年齢を20歳から18歳に引き下げることについて調査したところ、賛成が49%、反対が41%と賛成が上回ったものの、50歳代で賛成が46%と反対の48%を下回ったという記事が掲載されています（２０１５年3月22日付）。また、産経新聞では、少年法適用年齢引き下げと成人年齢引き下げなどに関する世論調査が報道されており、適用年齢の引き下げについて、賛成は82・２%であり、反対の14・１%を大きく上回ったと報道され、成人年齢引き下げについては52・２%が賛成し、反対は42・４%、選挙権年齢を18歳以上に引き下げる公職選挙法改正案については、賛成は48・５%、反対が46・０%でした（２０１５年3月30日付）。

こうした調査から、世論の圧倒的な多数が少年法適用年齢の引き下げには賛成する一方で、成人年齢や選挙権に関しては賛否が分かれています。少年法はこれまで何度か改正はおこなわれてきましたが、現在議論されている適用年齢引き下げは、最も大きな改正であり、18、19歳の少年に対する処遇を大きく後退させかねないものです（140ページ参照）。

2 「凶悪」な少年事件は、社会に強いインパクトを与える

少年による大きな事件が発生すると、社会は強い衝撃を受け、人びとの中に怒りや不安などが生じ、そのような感情の発露として厳しい処分を求めるという社会的なムーブメントが起こります。特に少年事件では、「少年法が甘いから」という言説は、そのわかりやすさもあって人びとの中に「少年法」を改正して、厳罰化すべしという議論が巻き起こります。

１９４９年に制定された現行の少年法が最初に改正の波にさらされたのは、１９６０年代〜70年代でした。１９６０年代は東大紛争など全国の大学で勃発した学生運動があった他、１９６０年の「浅沼稲次郎暗殺事件」、１９６５年の「少年ライフル魔事件」、１９６８年の「永山則夫連続ピストル射殺事件」など、当時、世間を震撼させた重大事件が背景となって少年法改正の議論が起こってきました。

当時の最高裁家庭局や後に最高裁判事となる団藤重光などの学者から、現行の少年法は十分機能しているといった改正に対する慎重論が主張されたこともあって、結局、このときは少年法の改正に至ることはありませんでした。

しかし、1997年、「神戸連続児童殺傷事件」（「酒鬼薔薇聖斗《さかきばらせいと》事件」）が発生したことで状況は一変します。14歳の少年が犯人として逮捕されたこと、その犯行の残虐さが際立ったこと、少年に反省の態度が見られなかったこと、この年齢では刑事処分にできないこと、被害者遺族に対して少年側の情報がほとんど伝えられないことなどから、少年法によって加害者側の少年が守られるのは納得がいかない、処分が甘い、もっと厳しくすべきという意見がかつてないほど高まったのです。

そして、2000年11月、少年法などの一部を改正する法律が成立し、07年、08年、14年と00年改正に比べれば小規模ながらも、立て続けに法改正がおこなわれていきます。

2000年の法改正では、主に以下の3点が改正されました。

①少年事件の処分などの在り方の見直し

・刑事処分可能年齢を16歳から14歳に引き下げ、義務教育年齢の少年を、成人と同様の裁判に付すことを可能にしました。

・少年法20条2項が新設され、事件を起こしたときに16歳以上の少年で、殺人、傷害致死といった故意の犯罪行為によって被害者を死亡させた罪の事件については、原則として検察官に送致されることとなりました。これらを「原則検察官送致（逆送）事件」と呼びます。

②少年審判における事実認定手続の適正化

・これまで少年審判は、裁判官が単独でおこなっていましたが、必要な事件には、3人の裁判官が審理にあたる制度（裁定合議制）が導入されました。

・家庭裁判所が事件を受理してから最終的な決定をおこなうまで必要に応じて少年鑑別所に収容する「観護措置」の期間が最長4週間から8週間に延長されました。観護措置とは家庭裁判所が少年の心身を鑑別する必要があると判断した場合にとられる措置です。従来の観護措置期間は原則2週間、必要があれば1回更新でき、4週間を超えてはいけなかったのですが、事実に争いのある場合などには、さらに2回まで更新をすることが可能になり、最大8週間になったのです。

③被害者に対する配慮の充実

・被害者と遺族（被害者等）は、申し出をすれば、審判の場で裁判官に意見を述べることができるようになりました。それまでも、家庭裁判所調査官（家裁調査官）によって被害者調査がおこなわれ、被害者側の気持ちや意向が聞き取られていましたが、被害者等が、裁判官に対して直接意見を述べる制度はありませんでした。被害者等が裁判官に意見陳述をするのは、審判もしくは審判以外の場になります。また、家裁調査官も意見聴取をおこないますが、どちらの方法をとるかは、被害者等の意向も踏まえて決められます。

・被害者等が、被害について損害賠償の請求をするときや裁判所に対して意見を述べようと考えているときなど正当な理由がある場合に、犯罪の事実に関する部分の記録に関して閲覧・コピーを申し出ることができるようになりました。それまでは、少年事件の非公開性が優先され、被害者等が欲する情報は必ずしも提供されませんでした。2000年改正では、まだ閲覧・謄写の範囲に一定の制限がありましたが、その後の改正で緩和され、事件の内容から少年の身上面に関する供述調書に至るまで、広範囲に認められるようになりました。また、家庭裁判所の許可を得れば、審判を傍聴することもできるようになりました。それまでは、審判は非公開でしたから、大きな改正でした。

2000年の少年法改正の背景には、「少年法が甘いからだ」「少年の保護ばかりで、被害者が置き去りにされている」など、世間からの批判の高まりがありました。私としては「少年法が甘いからだ」という批判には、「少年法の実際はそんなに甘くない」と事実を挙げて相応の反論ができると考えていました。一方で、被害者等が置き去りにされているという批判に対しては、当時、現役の家裁調査官として、「少年の更生ばかりに目を向けていて、被害者や遺族のことをどこまで考えていただろうか」という個人的な反省がありました。

裁判所内では、法改正、とりわけ傍聴制度の導入によって、少年審判そのものが変質しないかなどの懸念が出され、被害者が傍聴する場合の審判運営の方法、審判のさまざまな状況に対応できるような事前準備、被害者調査の在り方、その他、「原則検送事件」は、どのような場合に例外として保護処分（少年院送致など）が許容されるのか、「原則検送事件」の調査方法の研究などが研修その他の機会を利用して議論されてきました。

被害者への配慮制度が整備されていくにしたがって、少年の更生と被害者の心情の両方に目を向けていくことにもなり、家庭裁判所の手続きの中でおこなわれている教育的働きかけが国民にとって見えにくいとの反省も生まれました。

2000年の改正からおよそ20年が経過し、家庭裁判所の本質的な役割や少年の健全育成という理念は変わりませんが、原則検送事件の影響もあって、刑事司法的な側面が強くなっているように思えます。刑事司法の研究者や弁護士たちから、「家裁調査官の調査に深みがなくなった」「家族への働きかけなどのケースワーク機能が低下しているのではないか」といった耳の痛いコメントを聞くことがあります。そのような側面はあると私自身も感じていますが、教育を柱とした日本の少年司法のシステムは依然として、世界に誇れるものと考えています。

3　少年法の改正に大きな影響を与えた4つの事件

この20年あまり、「酒鬼薔薇聖斗事件」（1997年）以降、「光市母子殺害事件」（99年）、「栃木リンチ殺人事件」（99年）、「豊川市主婦殺害事件」（2000年）、「西鉄バスジャック事件」（00年）、「佐世保小6女児同級生殺害事件」（04年）、「石巻3人殺傷事件」（10年）、「佐世保女子高生殺害事件」（14年）、「名古屋大学女子学生殺害事件」（14年）など、「凶悪な」少年犯罪が発生しています。

なかでも、少年法の改正に大きな影響を与えたとされる4つの事件があります。

①神戸連続児童殺傷事件（酒鬼薔薇聖斗事件、1997年）

1997年に、兵庫県神戸市須磨区で起こった事件です。犯人が「酒鬼薔薇聖斗」という偽名を使ったこともあって、「酒鬼薔薇聖斗事件」とも呼ばれて、14歳の少年が起こした残虐な事件として鮮烈な印象を残しています。

2～5月にかけて、5名の小学生が被害を受け、2名が死亡し、3名が重軽傷を負いました。当初、通り魔的犯行の可能性が高いと考えられましたが、その後、遺体の損壊を伴ったこと、特に被害児童の頭部が「声明文」とともに中学校の正門前に置かれたことから、世間を震撼させます。6月、14歳で中学3年生だった男子生徒が犯人として逮捕されました。

この事件では、犯行の残忍性に加えて、2名の殺害、3名の重軽傷という罪の重大性にもかかわらず、16歳未満の少年は、大人と同様の刑事裁判で裁けないこと、遺族を含む被害者側に、十分な情報提供がなされないことなどに批判が集中しました。

●少年が診断された「行為障害」という診断名

少年は精神鑑定によって、「行為障害」(Conduct Disorder) と診断され、事件を起こした1997年の10月、家庭裁判所は、少年を医療少年院に送致することを決定しました。「行為障害」はアメリカの精神医学会が作成する診断基準（DSM-Ⅲ、1980年）で初めて登場し、現在では翻訳を「素行障害」と改められていますが、「人や動物に対する攻撃性」「所有物の破壊」「嘘をつくことや窃盗」「重大な規則違反」を中核症状とする精神疾患とされています。

「素行障害（行為障害）」は、日本では少年事件としてはおそらく初めて「酒鬼薔薇聖斗事件」で用いられ、急速に認知されるようになりました。ただし、「素行障害（行為障害）」の診断項目の多くが違法行為、不良行為に該当するもので、疾病の概念として成り立つのか、通常の医療モデルである「原因―疾病―治療」の関係が明確でないため、このような診断を下すことにどこまで意味があるのかといった疑問も出されました。

少年のその後の処遇について詳細は明らかにされていませんが、収容された医療少年院では、医療スタッフと法務教官で編成された特別なチームによってきめ細かい処遇がおこなわれたと聞いています。

●遺族にも開示されない情報

少年事件は、少年の健全育成を念頭に置いていますので、名前などプライバシーにかかわる事項は秘密扱いになっており、少年審判も成人の裁判と異なり、非公開です。それは、非行少年というレッテルが、少年の更生を妨げる可能性があるからで、そのため、少年法61条には、「家庭裁判所の審判に付された少年又は少年のとき犯した罪により公訴を提起された者については、氏名、年齢、職業、住居、容ぼうなどによりその者が当該事件の本人であることを推知することができるような記事又は写真を新聞紙その他の出版物に掲載してはならない」と、マスメディアに対して一定の制限をかけています。

重大事件では、一部の週刊誌が少年法の条文に反して、いわゆる「実名報道」をしていますが、現実には、ソーシャルネットワーク（SNS）の普及によって、少年の実名のみならず、家族構成まで知られてしまう状況になっており、この点は頭の痛い問題です。

少年法の改正以前では、少年の情報については非公開だったため、被害者や被害者家族でさえ少年の名前や事件の仔細を知ることができなかったという実情がありました。そのような少年法に対して、とりわけ被害者団体が声を上げるようになり、「少年法は加害者側の少年を守り、被害者等を守らない法律だ」と強い批判が起こり、大きなムーブメントになっていきました。

現在は、武るり子さんが代表をされている「少年犯罪被害当事者の会」（大阪市西淀川区）をはじめとして、全国各地に被害者団体や被害者支援団体があります。私は、武るり子さんの講演を聞いたことがありますが、被害者遺族の立場で少年事件を見た場合、少年法の不備そして私自身に欠けていた視点を痛感させられました。被害者や被害者家族は、想像を絶する体験していますから、厳罰を求められるでしょうし、少年法が甘いといった批判をされるのは、ある意味当然です。

ただ、この先の議論は大変難しいのですが、そうした被害感情と少年の更生といったものを対立的にとらえるのではなく、被害者や被害者家族を含んだ国民、少年司法の実務家や学者の意見を交えてどうバランスをとっていくのかという視点で、冷静に考えていく必要はあります。

●「元少年A」の社会復帰

２０１５年６月、事件から18年後、加害者の男性が、「元少年Ａ」のペンネームで事件に至る経緯、社会復帰に至る過程を綴った手記『絶歌』（太田出版）を出版しました。「自己救済であっても前向きに生きていこうとしている」などの評価がある一方、「自己陶酔の小説ではないか」「本を出した以上、実名と居住地を公表すべき」という批判も多く寄せられました。被害者の遺族や関係者も、出版に強く反発しました。

『絶歌』には、動物を殺傷する場面や、事件に関する心情の描写があり、読む際は内容的に注意を要します。元少年の病理の根深さを改めて認識するとともに、事件から18年を経過してもなお解決されない課題を抱え続けていることがうかがわれます。現在も、周囲から適切なサポートを受ける必要があると推測され、そのような環境下に置かれていることを念願しています。

少年時代に事件を起こした少年が、自らの意思で出版すること自体を否定するものではありません。ただ、『絶歌』のように、当時の事件を生々しく再現した内容ですと、被害者遺族にとっては、耐えがたい苦痛を与えます。出版に至る経緯は知る由もありませんが、出版する側の良識も問われてしまいかねないと思います。

●教育的措置＋医療的措置によるアプローチ

少年事件を扱う現場では、「素行障害」という概念が提唱される以前から、対応の難しい少年の処遇にさまざまな工夫がなされてきました。「素行障害」は児童期から出現する特有の疾病で、行動上の問題が前面に出てくるため、司法の領域では一定の安定した環境下で、教育を柱にしたうえで、必要な医療的措置も加味するという対応がとられてきました。

「素行障害」については、確立した治療論がないので、症状の特性によって、医療・保健、福祉、司法、教育などの各領域の連携が求められ、また、併存症状が伴う場合は医療的な措置を重点にしたアプローチによって一部改善するという事例も報告されています。

②豊川市主婦殺害事件（2000年）

2000年5月1日、愛知県豊川市で、65歳の主婦が、金槌で殴打されたうえ、包丁で首など全身をおよそ40カ所も刺されて殺害され、居合わせた夫（当時67歳）も、重傷を負いました。犯人は、現場近くの高校に通う3年生の男子生徒（17歳）でした。「人を殺してみたかった」という少年の証言が社会に衝撃を与えました。少年が、犯行の動機として「殺人の体験をしてみたかった」

「未来のある人は避けたかったので老女を狙った」と警察に供述したことが報道され、殺人という重大事件と「動機」とのあいだの落差に驚愕しました。

男子生徒は学業優秀な少年で、少年がなぜ殺人事件を起こしたのかが大きな焦点になり、事件手続きのなかで精神鑑定がおこなわれました。1回目では「分裂病質人格障害もしくは分裂気質者」と鑑定され、2回目では、「アスペルガー症候群が原因による心身耗弱状態（善悪の判断が著しく低下している状態）」と異なる鑑定結果でした。

家庭裁判所は、弁護側が依頼した児童精神科医による2回目の鑑定結果を採用し、医療少年院送致の決定をしました。この事件を通じて、「アスペルガー症候群」という言葉が世に知られるようになったといえます。

●アスペルガー症候群（自閉症スペクトラム）とは

アスペルガー症候群は、以前は、「広汎性発達障害の亜型」として位置づけられていましたが、現在は、自閉症スペクトラムという概念に統一されています（アメリカ精神医学会の診断基準であるＤＳＭ-5、ＷＨＯの診断基準であるＩＣＤ-11による）。

自閉症スペクトラムとは、言葉に発達の遅れはないものの、①社会的コミュニケーション、及び相互関係における持続的な障害、②反復様式の行動、③限定された興味、活動を有することが特徴とされ、対人関係の持ち方が不器用であったり、関心のあることに極端にのめり込んだりして、うまく社会適応ができない傾向があります。そのことから、対人関係上のトラブルを起こしたり、不適応感を抱きやすいため、欲求不満やうつ、怒りなどの二次障害が生まれることがあるのです。それが何かのきっかけで犯罪につながることがありますが、発達障害そのものが犯罪の原因ではありません。しかし、この事件の他にも、少年事件の犯人が「自閉症スペクトラム」と診断されることが相次ぎ、発達障害があたかも重大犯罪の原因であるかのような誤解も生まれました。

この事件の2日後（2000年5月3日）には、17歳の少年による西鉄バスジャック事件、6月には17歳の少年が母親を金属バットで撲殺する事件が立て続けに起こりました。17歳の少年による凶悪犯罪が「17歳の闇」「キレる17歳」といった言葉をキーワードとしてセンセーショナルに報道されました。

これらの少年犯罪は、さまざまな背景要因が指摘される一方で、「この年代は、何を考えているかわからない」など人びとに不安を掻き立てました。少年法は、少年の更生を前提として非公開で扱われ、少年に関する詳細な情報を国民は知ることができませんので、情報不足はいろいろな憶測を呼び、より不安にさせ、重大事件への歯止めとして厳罰化の意見も高まりました。

●脳機能の先天的なアンバランス

自閉症スペクトラムや注意欠如・多動性障害（ＡＤＨＤ）などの発達障害は、先天的な脳の機能不全による能力特性のアンバランスであり、他の疾病とは質を異にし、親のしつけや家庭環境によって発症するものではありません。ただし、障害を持っていることに気が付かずに子育てしていると、妙なところにこだわる、かんしゃくを起こすといった子どもの言動に親がイラついて、ときに虐待と判断されるような保護者の不適切な対応がおこなわれてしまいます。

特定のことに夢中になってしまうと、周りが見えなくなることはだれしもが多少なりとも経験することですが、その程度が極端に強いのです。また、教師から叱責された際のある一言に傷つき、その言葉をずっと忘れられずに、憎悪の感情を高めていった例もあります。

彼らは言葉の裏に隠されたニュアンスを把握するのは苦手で、字義通りに理解する傾向があります。ある部活の顧問が生徒に発破をかけるつもりで、「やる気がないのならば、部活を辞めろ」と叱ったところ、その生徒は翌日に退部届を出してきたそうです。

顧問としては、辞めさせるつもりは毛頭なかったのですが、その生徒にとっては、先生から辞めろと言われたので辞めたというのが理屈になります。字義通り情報は「部活を辞めろ」ですが、多くの生徒は、「辞めろというほど先生は怒っている」という理解をして、翌日からの練習に励むことでしょうし、それを顧問の教師は期待しているはずですが、この生徒との間ではこのような行き違いが生じてしまいました。

●合理的配慮で社会適応力は向上する

発達障害は、今の医学ではその障害自体を治療することはできませんが、適切な配慮があれば社会適応は格段に向上するといわれています。伝え方を変えるとか、ちょっとした工夫で意思の疎通が改善されてきます。また、得意の分野を伸ばすことで自信をつけさせるといった試みも有効とされています。こういった配慮は、一言で表現すれば、「合理的配慮」という「環境調整」です。発達障害を持つ児童や生徒に対して、教育現場でおこなわれている「個別指導計画の策定と実施」はまさにこれなのです。

「障害者差別解消法」（「障害を理由とする差別の解消の推進に関する法律」２０１６年４月１日

施行）は、行政機関や事業者に対して、障害を持つ人に対する合理的配慮を可能なかぎり提供することが求められるようになりました。合理的配慮とは、障害のある人が障害のない人と平等に人権を享受し行使できるよう、一人ひとりの特徴や場面に応じて発生する障害・困難さを取り除くための、個別の調整や変更のことです。

少年非行の現場でもこういった社会の動きとは無縁ではありません。以前は、発達障害に対する理解が教育や司法の領域で十分でなかった時代もあり、かなり見過ごされてきたように思います。私も今から思えば自閉症スペクトラムではないかと思い当たるいくつかの事例に出会っています。

●発達障害の可能性を考慮すると見えてきた少年事件

私が家裁調査官になって5年目に担当したある銀行強盗の事件では、鑑別所の法務技官（心理）と何回もカンファレンスを重ねたのですが、少年（18歳）の犯行に至る過程や行動に対する心理メカニズムがどうしてもつかみきれませんでした。というのは、自宅近くの銀行に顔を隠すこともせず昼間堂々と押し入ったこと、鑑別所での面接では「悪かったと思います」と口にするが、その表情や態度からとても反省しているように見えず、また顔を隠さないで押し入ったことについては、「男なら堂々としていなければいけない」といった理解に苦しむことを口にしていたからです。

少年鑑別所は、家庭裁判所が調査―審判の手続きを進めていく過程で、身柄を確保して、知能、性格、精神医学的問題点の有無などを調べる（鑑別する）法務省の一機関です。鑑別所には、医師、法務技官（心理）、法務教官がおり、心理の専門職である法務技官は、少年に面接をしたり、各種心理テストをおこないます。

家裁調査官も、鑑別所に出向いて少年に面接しますので、法務技官とは少年の状況について適宜情報交換し、カンファレンス（検討）をおこないます。最近では、このカンファレンスの密度が希薄になってきたのではないかという指摘もありますが、家裁調査官にとって鑑別所のスタッフと密接な連携を図っていくことは極めて重要なことです。

この少年の銀行強盗の事件は、事案の重大性や生活技能を身につけさせる必要性から少年院送致となって終局しました。しかし、私の中では、どこかモヤモヤしたままでした。それから数年後、発達障害の知識を得て、この少年が銀行強盗をした「お金ほしさ」という理由と当時の生活状況、逮捕後の不可解な説明が、ジグソーパズルのピースが埋まるようにつながって見えてきました。25年以上前のケースとはいえ、本人のプライバシーにかかわるのでこれ以上は差し控えますが、「彼にとって、もう少し意味のある面接ができたのではないか」「より効果的な処遇を提案できたのではないか」という思いが今でも残っています。

保護者にしても、親のしつけの問題にされて、陰に陽に非難されることで、相当傷ついている方が少なからずおられました。発達障害という確定診断が告げられ、先天的な脳の障害が原因であることが明らかになることで、それまでの子育ての苦労や「なぜこの子は……」という謎に1つの回答をもらったという安堵感にも似た気持ちと同時に、本人が一生抱えていかなければならない障害という重みの双方が去来しているように見えました。

「障害受容」という言葉があります。そう簡単な話ではありませんが、障害に対する正しい理解を得ていくことは、本人も関係者にとっても、何もわからないで闇雲に格闘するよりは、見通しは良くなりますし、精神的な負担感も軽減されると思われます。

●進む理解と独り歩きする障害論

文科省がおこなった調査結果（２０１２年２～３月）では、全国の公立小中学校の通常学級に在籍する児童生徒のうち、人とコミュニケーションがうまく取れないなどの発達障害の可能性のある子どもが６・５％に上ることが報告されています。この調査結果に基づいて推計すれば、全国に約60万人の発達障害の可能性のある子どもがおり、40人学級で1クラスにつき２、３人の割合になります。その一方で、その中の4割弱の児童生徒は特別な支援を受けられていないことも明らかになりました。このため、スクールカウンセラーの積極的な活用、学習面その他をサポートする指導員の配置、特別支援学級の充実、個別支援計画の策定などが取り組まれています。教育現場でも、発達障害に対する理解が以前よりかなり浸透してきているのは、間違いないでしょう。

私は大学で教えるかたわら、週1日ほど教育相談の仕事で小中学校へ出向き、スーパー・バイザーとしてスクール・カウンセラーへ助言をしたり、「ケース会議」に出席したりしています。会議の報告からは、不登校、学業不振、情緒不安定、集団行動への不適応など、子どもたちが多くの問題を抱えていることを痛感します。このような会議の場で、「発達障害ではないか」「ＷＩＳＣ《ウィスク》を受けさせたらどうか」などと、子どもたちの行動を安易に発達障害に結び付けてしまう傾向を時々感じています。

ＷＩＳＣは知能検査の1つで、5歳以上16歳以下の子どもを対象に知能の多様な側面をうかがい知ることができ、発達障害の診断に有効なツールであることは確かですが、この検査だけで発達障害が診断できるといったものではありません。専門医が、出生から現在までの発達過程を丹念に聴取して発達上の遅れやつまずきがあるか否か、親子関係、家族関係上の問題などを総合的に勘案して、確定診断すべきもので、特定の知能テストや心理テストだけで判断することは避けるべきなのです。

●原因は発達障害だけではない

なぜ、安易に発達障害という言葉が独り歩きするような状況が生まれてしまうのでしょうか。自戒を込めての話ですが、対人援助の仕事に携わる者は、思うようにいかないときに、その原因を「自分以外の何か」に見出そうとします。指導がうまくいかない生徒には、発達障害の可能性が出てくると、うまく指導できない原因をそこに帰してしまうという心の動きが生じるのです。仮に生徒に発達障害があり、それが指導のしにくさの一因であったとしても、指導する側の指導方法や姿勢に問題がなかったことにはなりません。そこを十分理解し、自覚しておかないと自己責任を回避するためのレッテル貼りで終わってしまいます。

もちろん、医療的な対応が必要なケースもありますが、医療につながったら終わりではなく、当然に学校現場でもやるべきことがあるわけです。

発達障害は、生活全般にかかわる療育の問題ですから、医療的な措置だけでは対応できません。それは、司法の現場でもまったく同じで、犯罪を至った背景、特に二次障害の内容を明らかにして、環境調整をするとともに医療的措置と教育的措置をどう組み合わせていくのかを考えていくことが不可欠です。

名古屋市で起こった女子大学生による殺人事件（２０１４年12月７日）のように、成人するまで重篤な発達障害を見過ごされてきた事例もあります。早期に発見して的確な対応がなされていれば、こうした犯罪を避けることができたのかもしれません。

③佐世保小６女児同級生殺害事件（２００４年）

長崎県佐世保市で小学６年生の少女が同級生の少女をカッターナイフで切りつけ、殺害した事件（２００４年６月１日）は、小学生による同級生殺人事件であったこと、それが校内でおこなわれたことから、世間に大きな衝撃を与えました。

加害者が14歳未満の児童であったため、警察はまず児童相談所に通告しました。刑法には、「14歳に満たない者の行為は罰しない」（41条）という規定があり、原則として少年法の対象から外れ、児童福祉上の措置が優先されるため、まずは触法少年として児童相談所が扱うことになっています。ただし、児童相談所は、事件の重大性に鑑みて、家庭裁判所の審判に付した方がよいと考えた場合、家庭裁判所へ送致することができ（児童福祉法27条１項４号）、この少女は家庭裁判所の調査・審判の手続となりました。14歳未満でも家裁送致となった事件でした。

通常、家庭裁判所は、家裁調査官による社会調査と少年鑑別所による心身鑑別をもとに審判をおこないます。しかし、この事件では、その特殊性、重大性に照らして、精神医学的な鑑定の必要性を認識し、少女の精神鑑定をおこなうよう、裁判所は異例の指示を出しました。

精神鑑定の結果、少女は広汎性発達障害やアスペルガー症候群（現在の障害名は自閉症スペクトラム。コミュニケーション能力に遅延があったり社会性に問題のある発達障害の総称）などの可能性があるものの、診断基準を満たすまでの顕著な症状は見られず、確定診断には至りませんでした。少女と被害少女との間では、ネット上の掲示板でのトラブルがあったとされていますが、少女が熱中していた映画「バトル・ロワイアル」の影響もあったのではないかといわれています。

家庭裁判所は、精神鑑定の結果も踏まえて、コミュニケーションや自己の感情コントロールの問題点を指摘し、児童自立支援施設への送致を決定しました。後に、少女は児童自立支援施設の医師から、アスペルガー症候群との診断を受けています。

●児童自立支援施設

児童自立支援施設は、少年院のように鍵がかけられた閉鎖施設ではなく、誤解を恐れずにいえば、全寮制の学校のような施設です。児童自立支援施設は全国に58カ所あり、国立2施設、私立2施設、残りが都道府県立もしくは政令指定都市の市立になります。学校のような施設といいましたが、家庭裁判所の許可を受ければ、一定期間、鍵がかけられる閉鎖部屋に置いて自由を制限できます。これを強制的措置と呼びますが、それができる設備を持った児童自立支援施設は、国立の児童支援施設が2カ所（男子1、女子1）あるだけです。この少女は強制措置が可能な国立の施設に入所しました。児童自立支援施設の詳細は、第5章で述べます。

●14歳未満の少年事件にも警察に強制捜査権が付与

この事件の1年前（2003年）、長崎市で12歳の少年が4歳の幼児を連れ出し、駐車場から突き落として殺害したという事件がありましたが、刑事責任を問えない14歳未満の触法少年の場合、警察に強制捜査権がなく、純然たる任意調査となるため、事実認定の難しさを一部の識者たちは指摘していました。また、少年院に収容できる下限年齢も14歳であったため、重大事件を起こした触法少年を引き受ける児童自立支援施設への負担を指摘する声が上がっていました。

こうした批判・指摘を受けて、4年後の2007年に少年法と少年院法が一部改正されました。14歳未満の少年事件についても、警察の調査権限に関する根拠規定が明記されることになり（少年法6条の2）、また刑訴法の強制捜査に関する規定中の押収、捜索、検証及び鑑定嘱託について触法少年の調査にも準用することなど、いくつかの改正がなされました。

また、少年院に送致できる年齢も、改正前の14歳から、「おおむね12歳以上」に引き下げられました（少年院法第2条の2）。「おおむね」とはあいまいさを残す表現ですが、少年院に送致できる下限年齢14歳を撤廃し、運用上の目安として12歳を下限年齢としたのです。

12歳という年齢は、小学校6年生、もしくは誕生日がきていない中学1年生です。小学6年生が少年院で生活することは、なかなか想像しがたく、運用は慎重におこなわなければなりません。

④石巻3人殺傷事件（2010年）

宮城県石巻市で当時18歳の少年が元交際相手の親族（少女の姉と少女の友人の女子高生）を刃渡り約18センチの牛刀で複数回刺して殺害し、その場にいた男性（当時20歳）の右胸を刺し、全治3週間の重傷を負わせるという殺傷事件（2010年2月10日）でした。

命乞いする元交際相手の友人を何度も突き刺すなど、その冷酷さや残忍さが大きく取り上げられました。元交際相手の女性は、この少年からの度重なる暴力を受けており、警察や家族に相談していました。警察の対応も後手に回った感はあるのですが、少年が保護観察中であったことから、保護処分の有効性についても疑問の声が上がりました。

事件送致された仙台家庭裁判所石巻支部は、２０００年の法改正で新設された「原則検察官送致」を適用し、検察官送致の決定をしました。家庭裁判所から送致（逆送）を受けた検察官は、少年を仙台地方裁判所に起訴し、成人と同様の刑事裁判が開始されました。さらに、２００９年に成立した裁判員制度にしたがって、少年の裁判は裁判員裁判となり、同年の11月25日、犯行の残虐性と身勝手さを理由に死刑判決が下されました。少年事件での死刑判決は、光市母子殺害事件（１９９９年、18歳の少年が23歳の主婦と生後11カ月の乳児を殺害した事件）以来でした。少年側はすぐに控訴しましたが、仙台高裁は原審を支持し、最高裁判所の判決によって死刑が確定しました（２０１６年６月16日）。

少年事件の裁判員裁判で初めて死刑判決が言い渡され、死刑判決が確定した事件ですが、死刑判決確定によって、多くのマスメディアは、匿名報道から実名報道に切り替えていきました。

●少年の過酷な家庭環境は考慮されたか

この事件では、犯行態様の悪質さと犯行時18歳の少年が死刑になったという点で注目されましたが、その一方で、事件の背景にある過酷な家庭環境下で育った被告人少年について、情状面が十分審理されていないのではないかという批判があります。

報道によれば、この少年は、望まれない形で出生し、母親から身体的暴力やネグレクトといった虐待を受けて育ったという生育歴を持っています。報道された判決要旨によれば、「(少年は)犯行後、元交際相手に姉らが死亡した内容のニュースを見せ、『何で泣いてんの』と言ったなどの言動から、少年には他人の痛みや苦しみに対する共感がまったく欠け、その異常性やゆがんだ人間性は顕著だ」となっています。それが事実だとすれば、共感性などの情緒的な発達がなされていないことがうかがわれ、虐待などの養育環境の影響が強く考えられます。そうした生育歴や養育環境が少年の発達にどのような影響を与えたのか、事件の動機や行動との関連があるのか否かなどを慎重に調べる必要性があったのではないかと思います。特に、死刑が争点になる事件であればなおさらです。

家庭裁判所でおこなわれた社会調査や心身鑑別の結果は、その後、刑事裁判になったときに必ずしも証拠として活用されるわけではありません。裁判員裁判では、審理期間がかぎられており、法廷の場で〝見て・聞いて・わかる〟ことを標榜していますので、社会調査の結果などの一部が法廷で読み上げられるだけという運用がなされています。

そうした現状があるため、少年が裁かれる刑事裁判では、主として心理学や精神医学の専門家が鑑定人となって、動機、生育歴、家庭環境その他について分析をする「情状鑑定」が数的に多くはないもののおこなわれる場合があります。

残念ながら、この石巻事件では情状鑑定がおこなわれなかったと聞いています。情状鑑定は、裁判所からの命令による鑑定(正式鑑定)と弁護人からの依頼による鑑定(私的鑑定)に大別されますが、裁判所が弁護人からの鑑定請求を認めなかったにしても、弁護人依頼の私的鑑定を実施することは考えられたはずです。

第2章

罪を犯した少年たちの素顔

1　少年たちは、どんな犯罪を犯したか

■少年事件は減っている

第1章では、2000年以降の少年法の改正につながるような、重大な少年事件を振り返りましたが、すべての事件がこのような「凶悪な」ものではもちろんありません。

私は2010年に家裁調査官を退官し、現在は大学で犯罪心理学を教えていますが、最初の授業では、「少年事件は増えていますか？」「凶悪化していると思いますか？」といった質問を必ずしています。

毎年100人以上の学生が受講しますが、ほとんどの学生が「少年事件は増え、凶悪化している」と返答します。市民向けの講演でも同じ質問をすることがありますが、同じような意見が返ってきます。

私が、「増えていません。凶悪化しているというのも実態とは異なります」と答えると、一様に、びっくりした顔をします。重大な少年事件が発生すると、報道がどうしても加熱してしまうため、あたかも少年事件が増え、凶悪化しているような印象を持ってしまうのでしょう。

図①は、少年による刑法犯検挙人員・人口比の推移です。1966（昭和41）年から2016（平成28）年にかけて、刑法犯罪で検挙された少年の人数と人口比の推移を表しています。縦の棒

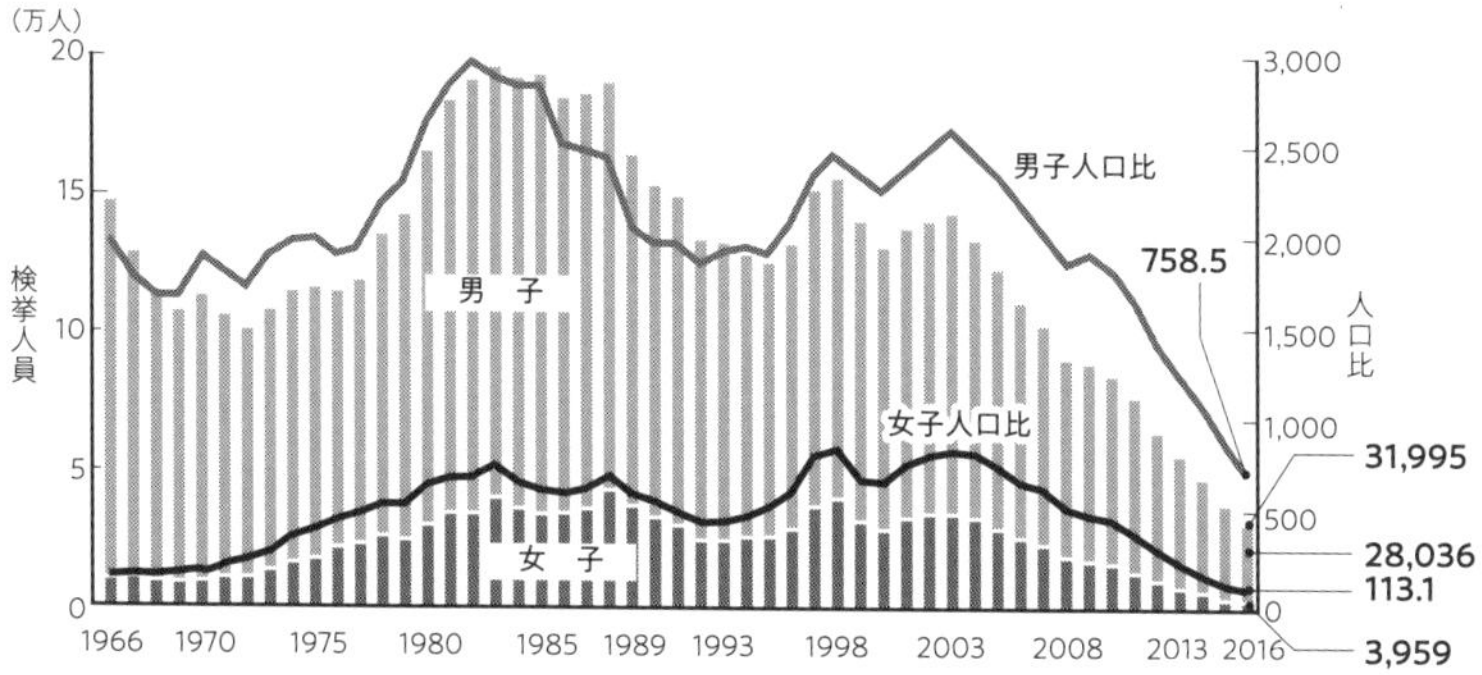

（注） 1 警視庁の統計、警視庁交通局の資料及び総務省統計局の人口資料による。
2 犯行時の年齢による。
3 触法少年の補導人員を含まない。
4 2002年から2014年は危険運転致死傷を含む。
5 「男子人口比」は14歳以上の男子少年10万人あたりの、「女子人口比」は14歳以上の女子10万人あたりの、それぞれ刑法犯検挙人員である。

図①　少年による刑法犯検挙人員・人口比の推移（平成29年版『犯罪白書』）

グラフが検挙された人数、折れ線グラフが人口10万人あたりの検挙人数（人口比）です。人口比という統計数字を用いるのは、人口が異なる他の世代との比較を可能にするためです。つまり、少年人口が減れば犯罪も減るというのが常識的な見方ですので、人口比を用いることによって、実質的な増減を比較検討できるのです。

このグラフを見ると、1975〜1985年が大きな山としてあり、その後、1995〜1998年にかけて一時的に増えたものの、総じて検挙人数は減っています。また、人口比で見ても同様で、2003年以降、減少しています。

また、少年による殺人で検挙された人数も、1998〜2001年では、年間100人を超えていましたが、その後減少し、この5年ほどは年40〜60人台と半減しています（表①）。

2016年の少年による刑法犯の総数は4万5882人でしたが、そのうち殺人は54人

表①　2017年中における少年の補導及び保護の概要（警察庁統計）

罪種＼年	2008年	2009年	2010年	2011年	2012年	2013年	2014年	2015年	2016年	2017年
刑法犯少年検挙人員総数（人）	90,966	90,282	85,846	77,696	65,448	56,469	48,361	38,921	31,516	26,797
凶悪犯少年検挙人員総数（人）	956 1.05	949 1.05	783 0.91	785 1.01	836 1.28	786 1.39	703 1.45	586 1.51	538 1.71	438 1.63
殺　人	50 0.05	50 0.06	43 0.05	56 0.07	46 0.07	52 0.09	50 0.10	60 0.15	51 0.16	45 0.17
強　盗	713 0.78	696 0.77	565 0.66	593 0.76	592 0.90	547 0.97	451 0.93	401 1.03	328 1.04	251 0.94
放　火	66 0.07	83 0.09	65 0.08	67 0.09	76 0.12	63 0.11	80 0.17	47 0.12	53 0.17	46 0.17
強制性交など	127 0.14	120 0.13	110 0.13	69 0.09	122 0.19	124 0.22	122 0.25	78 0.20	106 0.34	96 0.36

（注）　上段が検挙人員、下段が刑法犯少年検挙人員総数に占める割合（%）。

で、少年による刑法犯は全体の０・１％に過ぎないのです（表②）。強盗も同様です。１９９６〜２００５年までは年間１０００人を超えていましたが、その後は減少傾向にあり、２０１６年は３５０人で３分の１に減少しています。なお、表②の右側にある少年比とは成人も含めた事件の中に占める少年の割合です。

　これらの統計から明らかなように、少年事件の件数は増加していませんし、凶悪化もしていません。少年による重大事件は、社会に対するインパクトが大きいだけに、注目を集めやすく、また、凶暴な子どもたちは「何をするかわからない」といった不安感から、誤解が生じやすくなっているのです。統計をマスコミが詳しく取り上げることが少ないことも、正確な実態が知られていない理由の１つでしょう。

表② 2016年の少年による刑法犯 検挙人員・少年比（罪名別、男女別）（平成29年版『犯罪白書』）

罪名	総数		男子	女子	女子比	少年比
殺人	54	(0.1)	40	14	25.9	6.6
強盗	350	(0.9)	335	15	4.3	17.6
放火	104	(0.3)	89	15	14.4	16.6
強姦	133	(0.3)	133	—	—	14.9
暴行	1,642	(4.0)	1,484	158	9.6	6.3
傷害	2,908	(7.2)	2,656	252	8.7	13.0
恐喝	453	(1.1)	408	45	9.9	24.8
窃盗	24,208	(59.7)	20,348	3,860	15.9	20.0
詐欺	803	(2.0)	692	111	13.8	7.7
横領	4,734	(11.7)	4,302	427	9.0	23.0
遺失物横領	4,710	(11.6)	4,287	423	9.0	24.1
住居侵入	567	(1.4)	563	4	0.7	19.2
強制わいせつ	1,580	(3.9)	1,438	142	9.0	33.2
器物損壊	1,109	(2.7)	996	113	10.2	18.9
その他	1,937	(4.8)	1,736	201	10.2	13.4
総数	**40,582**	**(100.0)**	**35,225**	**5,357**	**13.2**	**17.3**

（注） 1 警視庁の統計による。
2 犯行時の年齢による。
3 触法少年の補導人員を含む。
4 「遺失物横領」は、横領の内数である。
5 （ ）内は、構成比である。

■少年犯罪の7割は万引きと自転車の乗り捨て

では、少年はどのような事件を起こしているのでしょうか。表②は、刑法犯での少年の検挙人数と全世代に占める少年の割合（カッコ内）を示しています。表②を見ると、窃盗と横領の２つで71％を占めています。窃盗の多くは万引きで、横領のうちのほとんどは遺失物横領です。遺失物横領とは放置自転車を勝手に拝借した場合などに適用される犯罪です。

このように少年事件の大半は、窃盗と横領（遺失物横領）という比較的軽微な事件で、多くの少年は非行性のさほど進んでいない段階にとどまっているため、適切な指導や助言があれば、再非行せずに大人への階段を上っていくのです。

他方、一筋縄でいかない少年がいるのも事実で、処遇に頭を悩ませる場合も度々あります。そんな少年でも、非行という鎧の中に隠れている姿には、同年代の普通の少年と変わらない年齢相応の側面もありますし、健全な部分も持っています。そこに注目すると、その後の処遇の手掛かりになっていきます。

2 家庭裁判所が審判の対象とする少年

さて、このような犯罪を犯した少年、あるいは犯すおそれのある少年は、「非行少年」と呼ばれます。少年法は、家庭裁判所が「審判に付すべき少年」として非行少年を定義し、次の3つに分類しています。

■非行少年とは

・犯罪少年：14歳以上で刑罰法令に触れる行為をした少年
・触法少年：14歳未満で刑罰法令に触れる行為をした少年
・ぐ犯少年：家出、不純異性交遊などを繰り返し、将来罪を犯すおそれのある少年

このうち、家庭裁判所が第一義的に審判の対象とする少年は、犯罪少年と14歳以上のぐ犯少年です。14歳に達した少年には刑事責任が生じ、家庭裁判所で処分を受ける対象となるのです。

一方、14歳未満の少年で刑罰法令に触れた行為をした場合に触法少年と呼ばれます。触法とは普段使うことのない言葉ですが、「法に触れた」「法に抵触した」少年という意味です。触法少年と14

歳未満のぐ犯少年は、児童相談所が第一義的に取り扱うことになっています（76ページ参照）。このように、日本では、14歳という年齢が大きな意味を持っています。

ぐ犯少年という言葉も普段使われない言葉ですが、「虞《ぐ》」とは、「おそれがある」という意味で、ぐ犯とは、「犯罪を犯すおそれがある」という法律用語です。ぐ犯少年は、まだ法に触れていないが、罪を犯す一歩手前の状態、つまり、このまま放置しておくと将来犯罪をするおそれのある少年を指す少年法独特の概念です。

■ぐ犯の４つの事由

具体的にどのような少年が、ぐ犯少年とされるのでしょうか。少年法では、ぐ犯事由として、以下の４つが定められています。

【少年法で定められた４つのぐ犯事由】

①保護者の正当な監督に服しない性癖のあること
②正当な理由がなく家庭に寄り付かないこと
③犯罪性のある人もしくは不道徳な人と交際し、またはいかがわしい場所に出入りすること
④自己または他人の徳性を害する行為をする性癖のあること

①と②は、親の指導が適切であることを前提にしていますから、「虐待から逃れるために家出した」などの場合には、ぐ犯事由にはあたりません。

③の「犯罪性のある人もしくは不道徳な人」とは、暴力団関係者、違法薬物の密売人との交流な

どが典型的な例です。「いかがわしい場所」というのは、定義しづらいのですが、たとえば、風俗店などが該当します。

④の「自己または他人の徳性を害する行為」とは、援助交際や薬物の使用などが相当します。

少年法では、この4つのぐ犯事由のどれか1つ以上に該当し、さらに、このまま放置すると将来罪を犯すおそれ（ぐ犯性）があると裁判官が判断した場合はぐ犯が成立します。

ただし、その際は、少年が将来どんな罪を犯すおそれがあるのかを具体的に示さなければならないとされています。これはいわゆる「非行予測」になります。早期に非行の芽を摘むという少年法の精神が反映された規定ですが、犯罪に比べて、ぐ犯（ぐ犯性）の定義にあいまいさが残ってしまうのは否めません。ぐ犯の認定には慎重さが要求されます。

また、ぐ犯で検挙され、家庭裁判所に送致された少年は、家庭環境や生活態度にも大きな問題を抱えていることが多く、家裁調査官には詳細な調査と分析が求められます。大人への強い不信感を持っている少年も少なくなく、そうした場合、調査は一筋縄ではいきません。

3　私が出会った少年たち

■「非行少年」の実像

「非行少年」という言葉を聞いて、どのような少年（少女）を連想するでしょうか。「怖い」「身勝手」「世間を甘く見ている」などのイメージを抱く方が多いのではないかと思います。

たしかに、彼らにそのような側面があることは否定できません。しかし、全体として、世間で思われている「非行少年像」と、彼らの実像はかなり違っています。

私は、調査官だったころから、「非行少年」という言葉を使用することを極力避けてきました。「非行少年」という言葉には、どうしても、普通の少年とは異なる特別な子どもという意味合いが込められてしまうからです。このように言うと、「普通の子どもと違うから悪いことをするのではないか」といった声が聞こえてきそうですが、特別な子どもたち「だけが」「だから」罪を犯しているると考えることは、事実に反するだけでなく、「非行少年＝特別な子ども」というレッテル貼りにつながり、彼らを社会から排除してしまう危険性があります。

つまり、現代社会のキーワードにもなっているソーシャル・インクルージョン（社会に包摂する）という共生社会の理念から外れてしまいます。「非行少年」が更生し、安心・安全に社会復帰を果たすには、社会が彼らを排除するのではなく、むしろ包摂（インクルージョン）していくことが重要です。排除して安心を得ようとするのではなく、社会の中で立ち直るチャンスを与えていく方が、結果的には社会にとってもメリットがあるという逆の発想が必要になっています。

正直に告白しますが、家裁調査官になったばかりのころは、少年事件を扱うたび、どんな非行少年、少女が出頭してくるのだろうかと戦々恐々としていました。しかし、その後、数千人の少年・少女と出会うなかで、彼らに「非行少年」というレッテルを貼ることは〝百害あって一利なし〟であること、彼らの中に存在する、年齢相応の健全さや成長力を見極め、それを信じることが大切であることを学び、非行少年という言葉を使うことを極力しないようにしたのです。

■裁判官が「少年院送致」を見送ったA少年

2000年、私は、当時、中学2年生だった男子生徒の事件を担当しました。少年は、学校内の器物を壊し、また、同級生や教師に暴力を振るったとして逮捕され、家庭裁判所に送致されてきました。

私は少年を調査した結果、事件以外での問題行動や家庭環境に鑑みて少年院送致もやむを得ないと考え、その旨の意見を付した報告書（少年調査票）を裁判官に提出しました。裁判官との審判前の打ち合わせ（カンファレンス）では、裁判官も「仕方ないですよね」と言い、少年院送致の腹案をもって審判に臨みました。

ところが、審判を休廷し、最終処分のためのカンファレンスをした際、裁判官は、「うーん、少年を少年院送致に踏み切れない。彼をこのまま社会に戻しても更生する可能性は低いかもしれないが、試験観察にして、その可能性を探ってもらえないか」と私に提案してきたのです。

裁判官は、いざ少年に対面してみると、表情があまりにあどけなく、また自分の行動を深く悔いている様子がひしひしと伝わってきて、少年院送致を躊躇したとのことでした。私が少年院送致の意見を提出した事例のうち、裁判官が少年院送致の判断を自ら再考し、社会内更生の可能性を探るよう指示を出したのは、私の28年間の家裁調査官の人生の中で、後にも先にもこの1件だけでした。

私自身も、送致されてきた少年をできるかぎり社会内で更生させたいという基本的な考えを持っていました。実際、少年院送致を考えている裁判官に、在宅処遇の可能性を探りたいとしばしば意見具申したものです。でもこの少年事件に関しては、少年鑑別所の法務技官（心理技官）とのカンファレンスを重ねる中で、少年院に送致することが、少年の更生にとって最も適切な措置であると確信していました。

しかし、社会内更生の可能性を探るよう指示を出した裁判官の判断に対して、「裁判官がそこまでおっしゃるのであれば、試験観察にしましょう」と応じました。裁判官の熱意に押された形でしたが、内心「試験観察では無理じゃないか」という思いも強く残っていました。

「試験観察」とは、最終的な処分は保留のまま、家裁調査官の観察の下に置いて、さまざまな教育的な働きかけを受けながら社会で生活し、数カ月後に改めて審判をして最終的な処分を決めるという、家庭裁判所に特有な中間的処分です（121ページ参照）。試験観察中の生活行状が悪く、再犯などに至った場合などは少年院送致になりますし、行状が良好と判断された場合には、保護観察所の指導を受けながら社会での更生を図ることになります。

この少年が更生するには、行動を制御するための歯止めと彼自身が抱えている不適応感や家族に対する不満を取り扱っていくことが必要でした。私は、週に1度、少年本人と母親を呼んで、母子合同の「家族面接」をしました。また、少年の通う中学校の担任教諭と連携し、学校内での生活目標を定めた「生活点検表」を作り、「できたこと」「できなかったこと」を明確にし、できたことに対しては担任教諭や私から肯定的な評価を少年に伝えていく仕組みを作りました。

少年は、多少の問題行動はありましたが、本人の頑張りもあって5カ月後の審判で、保護観察（101ページ参照）の最終処分となりました。さらにその1年後、保護観察も解け、少年は中学校を卒業して、専門学校に進むことができたのです。専門学校に合格したとき、わざわざ私に電話をよこし、「受かったよ！」と叫ぶように報告してきたのを昨日のように思い起こします。

このケースを通じて、私は自身の見立てが間違っていたことを恥じました。裁判官の慧眼や、「本人や家族には、周囲の予測を超える力があること」を思い知らされた事例でした。

当時、私は家裁調査官としてすでに10年以上の経験を重ね、専門家としての自信を持ちはじめていた時期だったのです。「知らず知らずのうちに、一人前になったというおごりの気持ちが芽生えていたのではないか」「少年を裁く本質を忘れてしまったのではないか」と深く反省しました。

「われわれは、専門職だの、少年を理解するだの軽々しく言うけど、そうじゃないんだ。できるのは本気で彼らを信じてあげられるかどうかなんだよ」

私が研修生1年目だったときに、私の指導担当者だったH主任調査官は、事あるごとにこの言葉を口にしていましたが、改めてその重要性を思い知らされました。

4　最近の3つのリンチ殺人事件から

単独による突発的な事件もありますが、集団による暴行がエスカレートした結果、重大な結果を招くという事件が近年連続して起きています。2015〜16年にかけて、類似した3つのリンチ殺人事件を分析してみましょう。

①川崎中1男子生徒殺害事件（2015年／殺人、傷害致死）

2015年2月20日、神奈川県川崎市の多摩川河川敷で、当時中学1年生だった男子生徒が何者かに暴行され、最後はカッターナイフで首を切られ、出血性ショックで死亡するという事件が発生しました。1週間後、17〜18歳の少年3人が逮捕されました。

3人は、家庭裁判所に送致されましたが、全員が検察官送致（逆送）となり、主犯格の18歳の少年Aが殺人罪、他2人の17歳の少年（B、C）が傷害致死罪でそれぞれ横浜地方裁判所に起訴されました。3人はそれぞれ、2016年2月、5月、6月に成人と同様の裁判員裁判によって、Aが懲役9〜13年、Bが同6〜10年、Cが同4〜6年の実刑判決を受けました。AとBはともに横浜地裁の判決に控訴せず刑が確定しました。Cは無罪を主張し、最高裁まで争いましたが、判決は覆らず、懲役4〜6年の不定期刑が確定しました。

②東松山都幾川河川敷少年殺害事件（2016年／傷害致死）

2016年8月22日、16歳と17歳、中学生の男子3人の計5人は、埼玉県の都幾川《ときがわ》河川敷で16歳の少年に対して暴行し、死亡させ、死体を遺棄しました。

16歳と17歳の男子は検察官送致、中学生の3人は、第1種少年院送致（うち1人は比較的長期の処遇勧告）となりました。検察官送致となった2人については、懲役5年6月以上9年以下、懲役

6年以上9年以下のそれぞれ不定期刑の言い渡しを受けています。

③鈴鹿市中2暴行死事件（2016年／傷害致死）

2016年10月10日、とび職男子（16歳）、とび職女子（17歳）、高3男子（18歳）、高1男子（15歳）の4人は、鈴鹿市の公園で中2男子に殴る蹴るなどの暴行を加え、急性硬膜下血腫などで同月23日に死亡させました。被害者を積極的に殴ったとび職の男子は検察官送致、それ以外の3人は、第1種少年院送致となりました。その後、とび職の男性は、地方裁判所の裁判で懲役5年以上8年以下の不定期刑を言い渡されました。

これらの事件の1つに私は鑑定人としてかかわっており、詳細を承知しているのですが、プライバシーその他の問題もあり、新聞報道その他から知り得た範囲において、3つの事件の共通項を拾い出して整理すると以下のようになります。

■コントロールを失ってエスカレートする集団暴力

3つの事件では、犯行に至る経緯は異なるものの、共通しているのは集団での暴行がエスカレートして重大な結果を招いていることです。

①の川崎事件では、犯行に加わった3人の少年は中学時代からの知り合いです。一方、殺害された男子生徒は2013年7月にある地方の県から川崎市に転居し、14年4月に川崎市の中学校に入学しました。同年12月、Aと知り合いますが、最初は仲良く遊んでいたようです。ところが、年が

明けた15年1月、待ち合わせの場所に被害者が遅れてきたことや、その後の態度に腹を立て、年長者のAは、被害者を殴るといった暴力を振るいました。

このときの暴行に対して、被害者の知人らが抗議と謝罪を求めてAの自宅に何度かやってきます。この自宅に押し掛けてきた人たちは、Aの中学校時代の友人らで、中学生のときにも押し掛けられた経験がありました。この行動の原因が被害者にあると考えたAは、被害者を呼び出し、他の少年2人と激しい暴行を加え、最後はナイフで複数回切りつけて殺害してしまったのです。被害者への怒りとともにA自身も追い込まれていたという事情があったわけです。

川崎事件にかぎらず、こうした事件は、罪名は殺人であったり、傷害致死であったりと異なりますが、犯行のきっかけとなったのは、「ラインの返信が遅い」「生意気だ」「つき合いが悪い」など、きっかけはほんの些細なことです。そのことがもたらした結果の重大性を前に、「何も殺さなくても」「そこまでやらなくても」という思いが募ります。

しかし、集団暴行では自分がやらないとヘタレと思われるなどの集団力学が働き、暴行はコントロールを失ってどんどんエスカレートしていき、最悪の結果を招きかねません。リンチと呼ばれるような集団暴行事件は以前からありましたが、ある程度まで暴行し、被害者が抵抗できない状態になると、だれかれともなく「もういいんじゃないか」と言い出し、切り上げる事例が多くありました。最近の少年よりも抑制が効いていたのです。その違いはどこにあるのか、私は「想像力」や「共感性」といった情緒発達の問題があると考えています。

■「想像力」と「共感性」の欠如

最近の事件では、単なる「集団力学によるエスカレート」だけでは説明できない事例が多く、その背景には個々の情緒発達の問題があると考えています。情緒発達とは、自分の感情を把握してそれをコントロールする力、他者の心情を理解する力の双方を獲得していく発達過程です。これらの力は、ものの善悪を判断し、責任ある個人として、さらには他の人と協働して社会に適応していくために必要不可欠な要素です。

ところが、少年たちには、暴行の結果を予測するという「想像力」、そして、暴行を受けて無抵抗な状態になった男子生徒の心情を考える「共感性」のどちらも欠けていたか、発達が未熟だった面が２０００年以降の事件で顕著にみられるようになりました。年齢相応の情緒が発達していれば、つまり少年たちに想像力や共感性がある程度備わっていれば、「これ以上はまずい」「ちょっとやりすぎた。ここでやめておこう」という心のブレーキが働き、最悪の事態は避けられたはずです。

■非行少年も無力感やしんどさを抱えている

ところで、少年たちが非行に至る背景や、そこから立ち直る過程はさまざまです。警察に逮捕されたことを契機に自分の行動を悔い、その後、非行とは無縁の生活を送る少年もいれば、非行を繰り返し、何度も少年院送致となる少年もいます。多くは前者であり、いわゆる〝若気の至り〟で非行を通過して大人になっていきますが、なかには「非行から抜け出せない」、もしくは「非行を手放せない」少年もいるのです。そのような少年と接すると、無力感に支配され、同時に「なんでわからないのだ」といった怒りにも似た感情が湧いてきます。

しかし、そうした無力感や怒りは、じつは、まさに少年自身が無自覚のうちに抱いている感情でもあるのです。これは、精神分析の用語で「投影同一化（Projective Identification）」と呼ばれる心のメカニズムであり、「心の防衛機制の1つ」とされるものです。人は、心の中で生じた感情のうち、抱えきれない不安、怒りなどネガティブなものを外側に排出し、自分自身の心の安定化を図ろうとします。これを「投影（Projection）」と言います。外側に排出された感情は相手の中に投げ込まれ、投げ込まれた相手はあたかも自分自身の感情のような体験をすると考えられています。

多少専門的になりますが、非行少年を更生させようとした人がうまくいかなかったときに抱く「怒り」や「何をやっても無理だという無力感」は、もしかすると、少年側が抱きそして投げ込んできた感情なのかもしれないのです。このように援助する側に生じた感情（逆転移）に着目すると、相手（少年）の中に湧き起こっている感情を理解する手掛かりとすることが可能です。このことに気づくと、少年に対する見方が変わり、彼らの苦しさやしんどさをキャッチすることができます。

当然ですが、どんな理由があっても、人を傷つけることは許されません。被害を受けた人は、傷つき、怒りの感情に苛まれることは私も承知しています。実際に重大事件の被害者や遺族の声に接すると、その苦しい思いから私自身が押しつぶされそうになります。被害者や遺族の心情からすれば、加害少年を厳しく罰してほしいというのは当然のことです。ただし、だからといって、厳しい罰を与えるといった応報的な考え方だけでよいのかというと、そう簡単な話でもありません。

本書第6章で詳しく触れますが、大人と同じような刑事罰を与えるべきだという発想は、かえって加害者少年らの中にある被害感を強め、逆効果になってしまうことが多いからです。私たちは、加害者少年の更生と被害者側への十分な配慮といった狭間に身を置き、ときに揺れながら考え続けていかなければならないのではないか、そんな思いを強くしています。

■少年の生育環境に潜む深刻な問題

川崎事件の３人の少年にかぎらず、３つの事例の少年たちはそれぞれ生育環境に問題を抱えていました。親から十分な身の回りの世話を受けられず、ネグレクトされてきた少年、親から身体的な暴力を頻繁に受けてきた少年がいました。親からの身体的な暴力は、子どもからすると絶対的に逆らうことができない恐怖そのものです。そのような環境で育った子どもは、暴力が持つすさまじいパワーを実感として学んでいきます。と同時に暴力という痛みに耐えていくために感じないような心の動き（解離）を身につけていくのです。

そのために、問題解決の手段として安易に暴力を用いがちですし、その暴力によって相手をコントロールしようとするのです。裁判の中で、そうした過酷な生育史とそれに関連するパーソナリティ傾向や物事をとらえ理解する認知特性といったことが明らかにされ、それが犯罪の動機や態様に影響を与えていると判決で指摘されています。それが刑の重さという量刑を考える際にどこまで考慮されるかは、事例ごとに異なりますが、そういった背景がこういった重大事件にはあります。

私たちの感情（情緒）は、身近な他者から受け入れられ、承認されることで発達していきます。

成長の過程で、主として養育者（親）から「うれしいね」「腹が立つね」「悲しいね」「楽しいね」など、共感的な声掛けを受け、その感情を承認されることで、子どもは自分の中に湧き起こってくる感情を言葉という道具を使って整理し、理解していきます。

さらに、だれかと喜んだり、慰められたりといった情緒的な体験を積み重ねていくことで、自分の感情を把握し、コントロールする方法を身につけ、同時に、他者の気持ちを想像したり、考えたりするといった「他者への視点」を獲得します。ところが、ネグレクトや身体的な暴力を受けて育った子どもたちは、自分の中に湧き起こる感情を表出するどころか封じ込めていくため、情緒発達が十分でない可能性が高いのです。

オーストリア出身の精神科医、精神分析学者のハインツ・コフート（1913～1981年）は、自己愛性パーソナリティ障害の研究を通じて、「健全な自己愛の発達」の重要性を説き、親の共感的な応答が子どもの情緒発達を促すと考えました。こうした健全な自己愛が発達してこなかったゆえに、問題行動を繰り返している事例も多く見られます。鑑定にかかわった者として、多くの少年たちは親からの共感的対応を得る機会が少なかったのではないかと強く感じています。

■大人・社会への強い不安と不信感

少年たちは、大人や社会に対する不信感が非常に強いことも特徴的なことです。特に、鑑定人として重大事件を起こした少年たちに面接するなかで、表面上は無難な応答をしていても、その表情、態度、話す内容から過度に防衛的な少年に出会います。事件の経過については一通り話をしても、そのときの感情になると、「いや別に、腹が立ったから」「もう、やってしまったことだからいいじゃないですか」と言って、自己の内面に立ち入らせようとしないことがあります。

ただし、強い拒否感というものではなく、むしろ、話をしても理解してくれないだろうといった諦めのような感情が伝わってくるのです。そんな彼らでも面接を重ねていく中で、多少は信頼してもよいと思ってくれるのか、ぽつりぽつりと自分について語るようになってくれます。

中学生から17、18歳までの年齢は、第二次反抗期とも呼ばれるように、大人に対しては何らかの形で反発したりして、親子の対立が激化する時期です。これは、「大人に取り込まれたくない」という、子どもから大人へと成長していく過程で現れる自己主張でもありますし、幼少期には見えなかった親の「あら」が見えてきて批判的になるといったことでもあります。反抗期は、程度の差はあるにせよ、だれしもが通る道であり、情緒的なつながりを維持している親子であれば、一時的なものとして収束していく場合がほとんどです。

ところが、親から虐待などを受けて育った子どもは、自分という存在を親が無条件に受け入れているとは、認識していませんし、不安も大きいため、思春期になると親とのかかわりを避けて、友人との交遊に走っていく傾向があります。親の方も身体的に自分を上回ってきた子どもに対して、指導らしい指導をせず放置していくというパターンがよく見られます。力で制止してきた親であればあるほど、そのような傾向が強く見られます。

■社会的参照機能を失った素行不良グループ

情緒発達が未熟で、大人や社会に対する不信感が強いと、次第に社会から孤立する可能性が高まっていきます。3つの事例においても、高校を中退して無職だったり、不登校であったりと、社会とのつながりが弱く孤立した、いわゆる「素行不良なグループ」を形成していました。グループが社会と隔絶されればされるほど、社会的な規範や価値とは異なるグループ独自の行動原理が優先されていく傾向があり、社会的な規範や法律といったものを意識することが後退し、身勝手な理屈での行動原理が前面に出てきます。

人は、成長する過程で、身近な大人からの反応を得ることで、善悪や倫理的な価値といったものを学んでいきます。たとえば、1歳の子どもは、目の前に美味しそうな食べ物があればすぐに手を出して口に入れようとしますが、4、5歳になると、近くにいる母親の表情を見て、それを食べてよいのかを判断するようになります。これを、母親参照（maternal reference）、あるいは、社会的参照（social reference）と呼びます。

ところが、社会から孤立すればするほど、社会的参照の機能は働きにくくなりますから、グループが暴走していくことが十分起こり得るのです。ですから、そのようなグループを社会から排除し、孤立させていくのではなく、大人たちが接点を作っていくことが求められるということを社会全体で共有していきたいと思います。

5　事件の本当の解決とは

殺人など、「凶悪」な少年犯罪が起こると、社会的な不安が高まり、ときには社会的パニックと呼べるような雰囲気が生まれます。そのために、犯罪統計上は少年犯罪が増えていないのにもかかわらず、増えているかのような錯覚が生まれます。また、凶悪な犯罪が生まれる要因として、「少年法が甘い」からといったわかりやすい言説に人びとは飛びついてしまうのです。そのため、少年事件に対する厳罰化は多くの人が支持する傾向があります

被害者や被害者遺族の気持ちを大切にすることはいうまでもありません。ただ、ここでいいたいのは闇雲に厳しい処分を科したからといって、それが再犯の抑止につながるとはかぎらないということです。後ほど厳罰化の効果研究について紹介しますが、厳罰化の効果を支持する研究は私が知るかぎりありません（156ページ参照）。重大犯罪が起こると人びとの感情を揺れ動かしますが、その一方で、犯行に至る経緯と、犯行に至らしめた少年の心理的、環境的背景を詳しく掘り起こしていかないと本当の意味での再犯防止、本人の更生につながりませんし、また、犯罪予防の視点も生まれてこないのです。したがって、冷静な科学的視点がとても大切になってくることを強調しておきたいと思います。

Column 1　各国の犯罪少年年齢

日本では、犯罪少年と触法少年を分けるのは14歳ですが、この年齢は各国で異なっています。各国の歴史、文化、価値観などの背景が影響しているためでしょう。たとえば、イングランドとウェールズは10歳、オランダは12歳。アメリカは33の州で定めはないものの、ノースカロライナ州では7歳、ウィスコンシン州は10歳です。

1993年2月12日、イギリスのリバプールでジェームス・パトリック・バルガーという名前の2歳の幼児が、10歳の男子少年2人に誘拐され、激しい暴行の末に遺体が放置されるという猟奇的な殺人事件が発生しました。殺された幼児の名前から「ジェームズ・バルガー事件」と呼ばれています。犯行の残虐性に加え、加害者が10歳の少年であったことから、世界的に大きく報道されました。

イギリスでは、通常10～17歳の少年が起こした犯罪は、治安判事裁判所の特別部である青少年裁判所（Youth Court）の審理対象となります。ただし、治安判事裁判所は、殺人、銃器犯罪などについては自動的に、特定の重大な犯罪（法定刑が長期14年以上の拘禁刑の犯罪など）については、大人と同様の裁判所（刑事法院）に事件を移送しなければならないという例外規定があります。

「ジェームズ・バルガー事件」では、この例外規定が適用され、最終的に刑務所に10年間収容する判決が下されました。この判決に対して一部マスコミや国民は猛反発し、大衆紙ザ・サンは加害少年2人を終身刑することを求める署名30万人分を当時の法務大臣に届けました。2人の親はともにアルコール依存や離婚といった履歴があり、家庭に深刻な問題を抱えていたことが裁判を通じて明らかになりましたが、それでも、それらについて考慮するのを許さない世論の雰囲気があったのです。

2001年、2人は18歳で釈放されましたが、このときもイギリス全土で抗議運動が起こったといわれています。その後の状況ですが、2人とも予後は芳しくありませんでした。一人は、薬物の使用や万引きで何度も逮捕され、もう一人も、2010年、児童ポルノ規制法違反で逮捕され、改めて社会から注目を浴びることとなったのです。

2人は、犯行当時にも実名で報道され、社会的なバッシングを受けていました。そして、社会復帰した後も自らの犯罪によって注目を浴び続けるという人生を送っています。国によって司法制度が異なるのは当然ですが、10歳の少年を公開の裁判に付して、刑務所に収容することが果たして正しいのか、改めて議論が必要です。

Column 2　情状鑑定

刑事裁判において、裁判官の判断能力の不足を補うために学識経験者から専門的知識そのもの、もしくは専門的知識を応用した結果を裁判所に報告させる証拠手続きとして「鑑定」があります。鑑定といっても、法医学鑑定、DNA 鑑定、精神鑑定、情状鑑定など多くの種類がありますが、そのうちの精神鑑定は、被告人の刑事責任能力と訴訟能力に関するものです。

一方で、情状鑑定は、裁判所がどのような刑がふさわしいかその量定を決定する参考としておこなわれるもので、被告人の家庭環境、生活歴、性格・行動傾向、処遇可能性、さらにはそれらと犯罪の動機形成や犯行過程への影響について分析をおこなうもので、「心理鑑定」とも呼ばれています。

刑事司法手続きでは、犯罪事実の認定だけではなく、犯罪に至った人の心理的・社会的次元にかかわる多用な問題そのものを解決する必要があるといった認識が治療的法学 (Therapeutic Jurisprudence) の理論として世界的な広がりを見せています。情状鑑定も、そのような大きな流れの中で、今後その果たす意義は高まっていくと考えています。

第3章

少年の可塑性と保護主義

1　少年事件手続きの事例

『犯罪白書』には、少年事件が裁かれる手続きが、詳細な流れ図で説明されていますが、とても混み入っていて、パッと見ただけではわかりません。

実際、少年事件の手続きは、全件送致主義といって対象となるすべての事件が家庭裁判所に送られますが、大多数を占める検察官からのルートの他、司法警察員から、児童相談所からなどいくつかのルートがあり、複雑です。また、大人の事件と違って、非公開ですので、一般の人が調査や審判での様子を知ることはできません。事件の内容によって、逮捕されて身柄が拘束される身柄事件と自宅から裁判所の調査や審判に応じる在宅事件といった2つの流れがあります。具体的な事例を挙げて、できるだけわかりやすく紹介してみましょう。

■万引きをしたAの場合

Aは、中学3年生の男子生徒（15歳）です。ある日、以前からほしかったゲームソフト5点（2万円相当）をデパートで万引きして店外に出ようとしたところを警備員に声をかけられました。すぐに警察官がやって来て、Aは警察署に連行されました。

警察署では、万引きをした事実関係や動機などについて取り調べを受けました。その後、連絡を受けた母親に引き取られ自宅に帰りましたが、警察官からは「1、2カ月後に家庭裁判所から呼び出しがあるので、必ず出頭するように」と言われました。

●家庭裁判所からの呼出状

2カ月後、見慣れない封書が届きました。開けてみると家裁調査官からの呼出状でした。呼出状のあて名はAと保護者になっており、「調査」のため、指定された日時に家庭裁判所に来るように書かれていました。

●家庭裁判所での調査面接

Aは、母親とともに、指定された日時に家庭裁判所に出頭しました。担当の家裁調査官が紹介され、面接室で万引きの動機や捕まった後で考えたことなど事件に関することの他、日常生活についても質問をされました。

警察での取り調べとは異なり、家裁調査官は受容的、共感的な態度であり、気づくとAはいろいろなことを自分から話していました。母親は、Aの幼いころから現在に至るまでのこと、今回の事件を通じて、Aとどのようなことを話し合い、どのような指導をしたのかについて質問を受けました。

面接の最後に、家裁調査官から「後日、裁判官による審判があります。日時を通知する文書が届きますので、それをお待ちください」と言われ、面接は終了しました。

●審判～不処分決定

10日後、家庭裁判所から審判の日時を知らせる封書が届き、Aと母親はふたたび家庭裁判所に出頭しました。

審判は、80㎡くらいの広さの部屋で、家庭裁判所の裁判官が1人、書記官が1人とA、母親でおこなわれました。裁判官から審判の手続きについて一通りの説明を受け、Aには送致された事件（事実関係に間違いがないか、何を反省したか、自分の課題は何かなど）や日常生活に関する質問などがなされました。母親には、親として今回の事件をどのように受け止め、どのような指導をしたのか、被害弁済はなされたかなどの質問がされました。

裁判官は、今回の万引きが初めてであったこと、Aが深く悔い、きちんとした日常生活を送っていること、保護者の監護・指導に期待できることなどの理由から、特別な処分にはしないという不処分決定を下しました。

■女性のバッグをひったくろうとして怪我をさせたBの場合

B（18歳）は、成人の共犯者とともに、深夜、駅から徒歩で帰宅中の女性を狙い、後ろからバイクで近づいて持っていたバッグをひったくりました。その際、女性は転倒して全治1週間の怪我を負いました。Bらはその場から逃走しましたが、路上に設置されていた監視カメラの映像からBらの犯行が判明し、3日後に強盗致傷の容疑で警察に逮捕されました。

●勾留～身柄付送検

Bは、逮捕後、警察署内の留置所に入れられて、警察の取り調べを受けました。留置所に拘束できるのは最大で48時間と法律で決められています。警察（厳密には司法警察員）はそれまでに事件性を調べ、検察官にBの身柄を送るかどうか（送検）を決めなければなりません。もし、事件として成立するのかはっきりしない場合には、Bを釈放し、引き続き捜査をすることになります。Bは犯行を認め、証拠関係もそろっていたため、検察官に送られました。

●立件～勾留請求

事件を受理した検察官は、①Bを釈放するか、②家庭裁判所に身柄付きで事件を送致するか、③身柄を拘束しながら捜査を継続するかを、24時間以内に判断しなければなりません。

もし、検察官が容疑者の身柄を拘束しながら捜査を継続する必要があると判断すれば、勾留請求という手続きを裁判所に申し立て、許可を得なければなりません。許可が得られれば10日間、拘置所に身柄を拘束できます。勾留請求は2回までできるので、合計20日間、警察に逮捕されてから数えると、最大23日間身柄を拘束できることになります。検察官はこの間に、Bを家庭裁判所へ送致するか否かを判断します。大人の場合には、この期間内に地方裁判所に起訴するか否かの判断をします。

●家庭裁判所送致～審判～少年鑑別所送致

Bの場合には、余罪が疑われたため、10日間の勾留請求がおこなわれ、取り調べを受けた後、Bの供述調書や実況見分調書などが作成され、家庭裁判所に身柄付きで送致されました。

家庭裁判所では、まず、Bを少年鑑別所に入所させるか否かの審判がおこなわれ、Bは少年鑑別所に入ることになりました。少年鑑別所に入れる措置を「観護措置」と呼びます。観護措置の期間は最大8週間まで可能ですが、通常は4週間以内に審判が開始されます。

観護措置の期間中、Bは鑑別所の法務技官から面接を受ける他、知能テストや性格などに関する心理テストを受けます。また、所内での生活その他は、法務教官という専門職から指導を受けます。さらに、家庭裁判所からも、担当の家裁調査官がやってきて、面接を受けます。Bの保護者も裁判所に呼ばれ、家裁調査官からBの生い立ちから現在、家族の状況、今後の指導方針などについての調査を受けました。

少年鑑別所は、心理テスト、面接、行動観察の結果をまとめた鑑別結果通知書という書面を裁判所に提出します。一方、家裁調査官も、少年調査票という書面に非行の背景、Bの問題点、処遇意見などをまとめて裁判官に提出します。裁判官はこれらの書面と、捜査機関が作成した事件記録を参考にして、審判で最終的な処分を決めることになります。

事件から2カ月後、家庭裁判所でBの審判がおこなわれました。審判廷では、両親が座っている長椅子の真ん中に鑑別所職員に連れてこられたBが座ります。手錠姿のBを見た両親の表情が思わず歪みます。

裁判官は、Bを第1種少年院に送致すると言い渡しました。第1種少年院とは、非行の程度が比較的進んでいない少年を収容する少年院です。Bに非行歴がなかったことに加え、成人に追従しての犯行だったこと、事件について深く悔いていることなどを考慮され、「一般短期」の処遇勧告がつけられました。少年院の入所期間は通常1年程度ですが、一般短期の勧告がつくと、それより短い6カ月程度で退院し、社会復帰できることになります。

2　少年事件は必ず家庭裁判所に送られる

■書類送致か身柄付送致か

図②（成人の刑事司法手続き）と図③（少年司法手続き）は、警察が事件を捜査してから裁判になり、処分が決まるまでの流れを示したものです。

成人の刑事司法の場合、事件が発生すると警察が捜査を開始し、犯人と思われる人（被疑者）に関して犯罪をおこなったとされる証拠をそろえて、検察官に送致します。検察官は、被疑者について、有罪にできると判断した場合には、起訴という手続きを裁判所にとり、いわゆる刑事裁判が始まるわけです。ただし、検察官はすべての事件を起訴するわけではなく、比較的軽微な事件、被害者との示談が済み、被害者が宥恕《ゆうじょ》の意を示している、社会的な制裁を受けているなどの理由から、これ以上処罰を受けさせる必要性がないと判断した場合には、起訴猶予といって起訴を見送ることがあります。その割合は約65％であり、罰金刑も含めると90％以上になり、実際に裁判が開かれるのは8％程度の事件にしかすぎません。

一方、少年事件に関しては、全件送致主義といって、すべての事件は必ず家庭裁判所に送致しなければならないことになっています。ぐ犯や一部軽微な事件は警察から家庭裁判所へ、その他は検察を経て家庭裁判所へ送られてきますが、検察ルートが約97％程度とほとんどを占めています。た

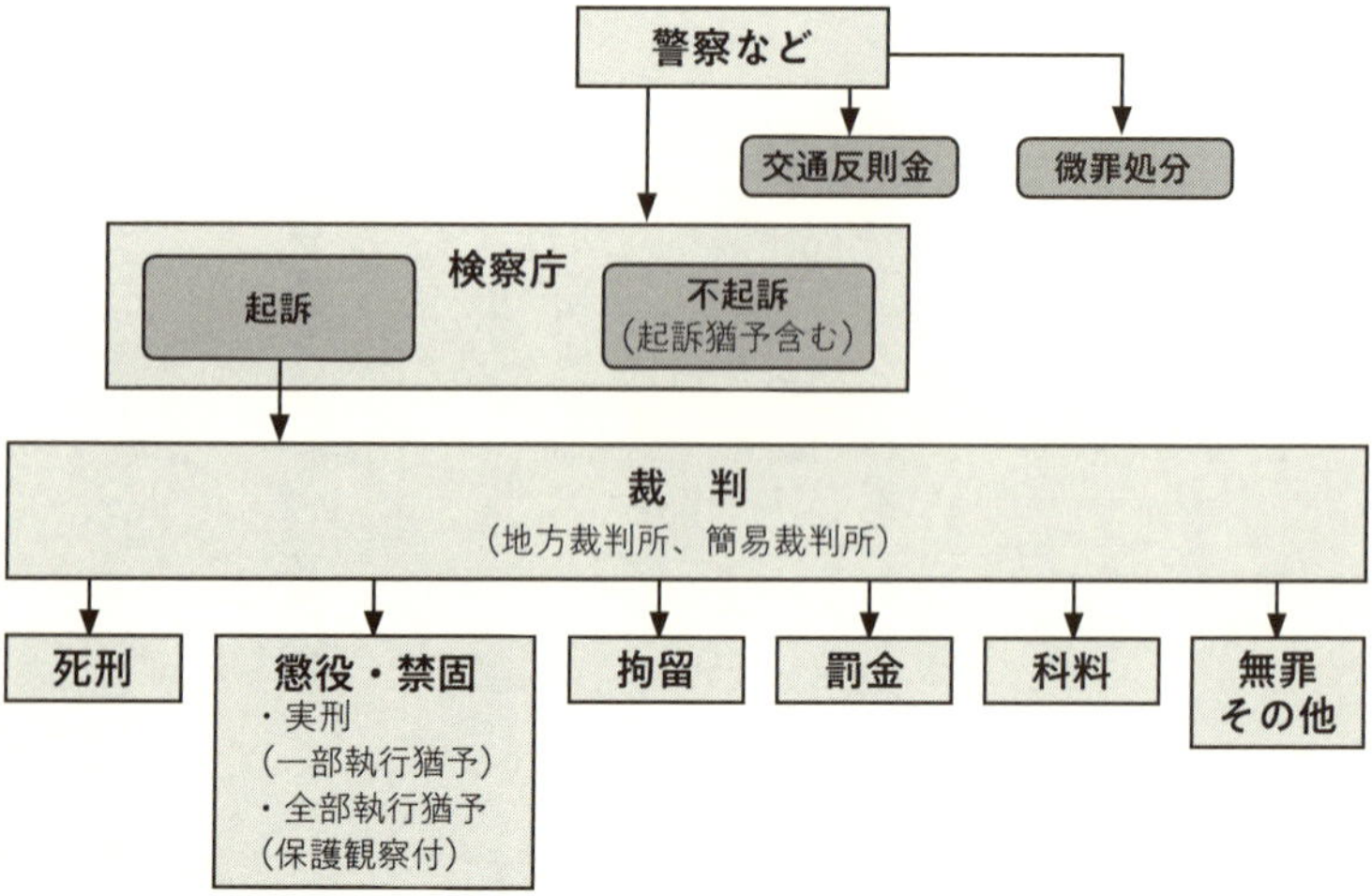

図②　成人の刑事司法手続きの流れ（『犯罪白書』などを参考に筆者が作成）

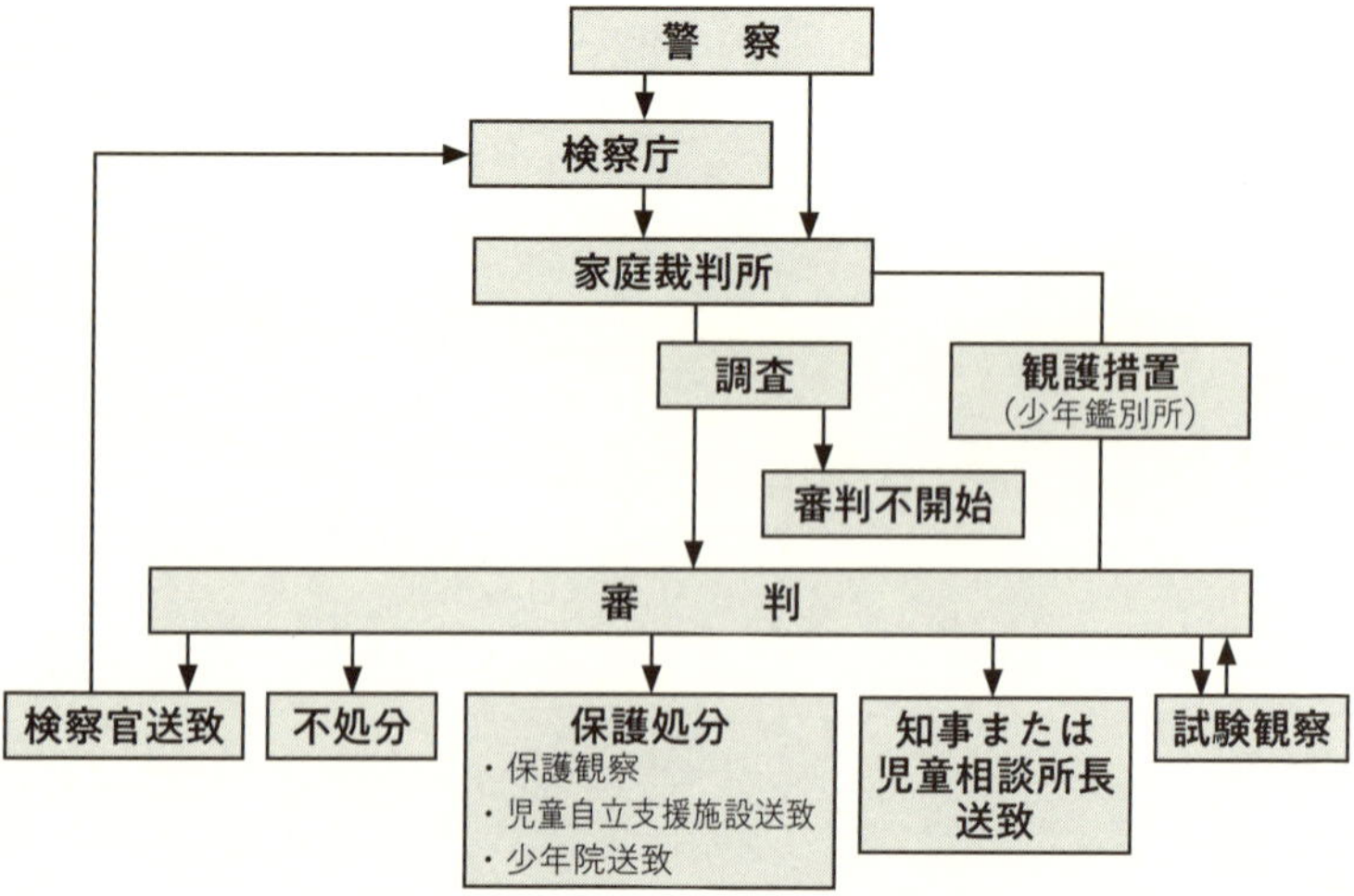

図③　少年司法手続きの流れ（『犯罪白書』などを参考に筆者が作成）

だし、先ほどのAのように逮捕されないと、自宅での生活を送りながら、警察からの呼び出しがあればそれに応じるという形で取り調べが進められます。したがって、本人が知らないうちに捜査書類が警察から検察にわたり、それが家庭裁判所に送られるということになります。これが、いわゆる在宅事件といわれるものです。通常は、事件後、おおむね2〜3カ月以内に家庭裁判所に事件が送られます。

一方、Bのように、警察に逮捕されると身柄が拘束され、事件記録とともに家庭裁判所に送致されます（身柄付送致）。

身柄付の送致を受けた家庭裁判所は、今後の調査、審判を進めていく上で、少年を少年鑑別所に収容した方がいいか、それとも自宅に返すのかを判断します。その判断は、「家出や逃走の恐れがあるか」「心身の鑑別をする必要があるか」といった点に基づいてなされます。ちなみに少年鑑別所でおこなう心身の鑑別では、先ほど述べたように心理学を専門とする法務技官によって、面接や少年の知的能力、パーソナリティ傾向を見るためのテストが実施される他、精神科医が精神疾患の有無などを診るなど、詳細な分析がおこなわれます。それらは、「鑑別結果通知書」としてまとめられ、家庭裁判所に提出されます。

一方、家庭裁判所でも、家裁調査官が担当して少年の調査をします。家裁調査官の調査は社会調査と呼ばれるもので、少年に面接するだけではなく、保護者にも面接し、必要に応じて学校の教師その他参考人にも面接します。また、適宜、書面での照会（学校照会書など）もおこない、最終的には資質的な特質も踏まえた心理・社会的な視点で、非行原因などの分析をして、どのような処遇が必要か検討します。

　こうした分析結果は少年調査票という報告書にまとめられ、処遇意見を付して裁判官に提出されます。家裁調査官の少年調査票、学校照会書などの照会書面、鑑別結果通知書などは少年調査記録としてファイリングされます。

　家庭裁判所の裁判官は、事件記録や少年調査記録を参考にして、審判という手続きによって最終的な処分を下します。この審判が、大人の裁判に相当するものです。

■少年犯罪の全件送致主義

　このように、事件発生から裁判所に送致されるまでには書類送致と身柄付送致の大きく2通りがあり、現在の少年法では、すべての少年事件は家庭裁判所に送致される仕組みとなっています。

　明治憲法下の旧少年法では、少年審判所（旧司法省傘下の行政機関）に事件を送るか否かを検察官が判断していました。これを、「検察官先議」といいます。ところが、これでは、検察官の予断によって少年が裁かれてしまう危険性があったわけです。

　少年といえども処分は行政機関に委ねるのではなく、専門スタッフを有する家庭裁判所の手続きの中で決めるべきであるという考えに基づいて、１９４９年に現行の少年法が施行され、裁判所の一機関として家庭裁判所が発足したのでした。

■家裁調査官と少年鑑別所という特別な仕組み

家庭裁判所は、家裁調査官による調査や少年鑑別所での心身鑑別といった科学的機能を活用して少年の処遇を判断する仕組みを取り入れました。これらも成人の裁判にはない、家庭裁判所による少年審判の特徴的な点です。

たとえば、家裁調査官の調査は、少年の非行に至った背景、発達上の課題、家庭環境などを調査し、どのようにすれば非行から更生を図ることができるのかなどを、人間行動科学の知見に基づいて分析することを目的としています（具体的な事例は第4章参照）。警察や検察の取り調べの目的が少年の情操に配慮しながらも、事件の捜査、法的構成要件を満たしているのか、立件のための証拠収集などであるのと対照的です。

さらに、重大な事件の場合や、少年に資質・発達上の問題がうかがえる場合には、少年を少年鑑別所に収容して、心身鑑別という医学・心理学的な分析もおこないます。

少年鑑別所は、少年法施行とともに設置され、現在は、２０１５年に施行された少年鑑別所法によって運用されている、法務省所管の機関です。家庭裁判所の依頼を受けて、心身鑑別をする他、地域の相談援助活動などもしています。

このように少年司法の手続きでは、少年を単に罰するのではなく、法律以外の人間行動科学の知見を活用する〝科学性〟を備えています。また、最終的な処分は審判で決まりますが、家庭裁判所の手続きそのものに教育的な配慮が行き届いているところに特徴があるのです。

3　少年審判は更生のための教育が基本

■少年の「可塑性」と「保護主義」

少年審判が成人の裁判とは違う機関や手続きを経るのはなぜでしょうか。少年たちは心身の発達途上にあり、よくも悪くも変わり得るため、家庭や地域環境の調整や彼らへのさまざまな援助と教育によって、立ち直りを図るのが最も有効であるという考えがあるからです。少年法の1条には、次のように書かれています。

「この法律は、少年の健全な育成を期し、非行のある少年に対して性格の矯正及び環境の調整に関する保護処分をおこなうとともに、少年の刑事事件について特別の措置を講ずることを目的とする」

少年の変化し得る可能性のことを「可塑性」と言います。つまり、少年法は、発達途上にある少年には可塑性があり、教育その他の働きかけをしていくことで改善されるといった理念を掲げているのです。これを「保護主義」と呼んでいます。

■少年審判の3つの原理

このため、少年事件の審判は、少年の更生のための教育を柱とし、少年を罰するという側面がゼロではないものの、成人の裁判のように法の枠組みに従って刑罰を科すのではなく、次の3つの原理に基づいて処遇が決定されます。

①個別主義

個々の問題性に応じた処遇を考えるということです。たとえば、3人の少年が同じような犯罪をおこなった場合でも、必ずしも同一の処分とはなりません。また、犯罪行為の重大さでだけで処分が決まるわけでもありません。個々の発達上の課題や問題性、家庭環境などの背景事情を考慮し、個別に処遇が検討されるからです。もちろん、処遇にはある程度の公平性が求められることはいうまでもありません。

②教育主義

少年は、発達途上にあるゆえに、よくも悪くも変わり得ます。そこで、単に罰を与えるのではなく、教育によって更生と健全な育成を図ろうという考え方です。少年の可塑性（変わり得る可能性）を活かすために、教育を重視しているのです。

③職権主義

成人の刑事裁判では、原則として、検察官と弁護人とが対立する形で必要な主張を展開します。たとえば、犯罪事実そのものを争うのか否か、犯罪事実を認めたうえで刑罰の程度つまり量刑を争うのかなど、争点を明確にしたうえで、それについて、双方が論証するのに必要な証拠資料を提示したり、証人を法廷に呼んだりします。つまり、立証したいことがあれば、その責任は検察側、弁護人側（被告側）それぞれが負うのです。これを「当事者主義的対審構造」と呼んでいます。

これに対して、少年審判では、家庭裁判所が自ら手続きを主導します。家裁調査官が調査を進めたり、裁判官が少年や関係者などに直接質問したりすることによって、最終的な処分を決定します。これを「職権主義的審問構造」といいます。刑事裁判のような「検察官vs弁護人」という対立構造ではなく、それぞれは家庭裁判所に対して審判への協力者という立場を取っているところに、少年審判の特徴があります。

この3つの原理によって、少年の非行の背景にある知的能力、パーソナリティ、発達上の課題、家庭環境などをきめ細かく調査し、適切な処遇を見出すという仕組みが、大人の刑事裁判とは決定的に違うのです。

■少年の「成長発達権」を保証する

また、「少年の健全な育成」という少年法の目的を、「成長発達権の保証」という権利論からとらえ直そうという動きもあります。これは、「子どもの権利条約」(1994年、日本批准)、「国際人権法規範」(少年の司法運営、身体的な拘束、非行予防に関して国連で採択)との関係で少年司法の在り方を考えようとする立場です。

たとえば、「少年非行の防止に関する国連ガイドライン」(リヤドガイドラインズ)には、幼少期から子どもの人格を尊重し、調和のとれた思春期の成長を確保するよう社会全体が努力する必要があり(2条)、幼少期からの福祉をあらゆる非行防止プログラムの中核とすべきである(4条)との基本認識が示されています。

この基本認識は、少年を更生に導くための伝統的なパターナリズム(=父権主義)からの脱却を目指しているとも理解することができます。父権主義とは、父親が子どもを導くように、強い立場にある者が弱い立場にある者の利益のためだとして、本人の意思は問わずに介入・干渉・支援していこうとする考え方です。

現在、日本の少年審判では、少年の健全育成の旗印のもと、家裁調査官が相当プライバシーに踏み込んだ調査をしており、また、必要となる教育的な働きかけもおこなっていますが、これは家庭裁判所が少年の健全育成のために後見的役割を果たすこと、そういったパターナリズムがある程度許容されると考えられているからです。しかし、今後、少年の成長発達権をより保証する少年審判に変わっていくことは、従来のパターナリズムの考え方を単に良しとするだけではなく、少年の主体性や自己実現といった観点から処遇を考えていかねばなりませんし、また、保護者に対しても、そうした少年の成長を促していくために力をより発揮してもらえるような働きかけを考えていく必要があります。こうした考え方は、じつは少年司法だけではなく、教育、福祉などにもまたがる重要なテーマとなっています。

4 少年裁判所・家庭裁判所の成り立ちと国親思想

■世界初の少年裁判所

少年裁判が保護主義の観点から、成人の裁判とは違う手続きによっておこなわれるようになったのは、１８９９年、アメリカのイリノイ州シカゴ市に世界で初めての少年裁判所が設けられたことによります。これをきっかけに、世界各地に少年裁判所が次々と設立されていきます。

少年裁判所は、２つの理念からの要請によって生まれたとされています。

１つ目は、「国親思想（パレンス・パトリエ）」です。生みの親が親としての役割を果たせていない場合に、国家があたかも親のごとく子どもを導いていこうとする考え方です。

裁判における国親思想は、イングランドに古くからある国王の裁判所（衡平法裁判所）がその起源とされていますが、国王は幼児や障害者など、保護を要する者を最終的に保護・監督する地位にあるという考え方です。つまり、国家が後見的、福祉的立場から保護・監督する責任を負うという考え方が少年法にも取り入れられていったのです。

通常、英米の裁判は、コモン・ロー裁判と呼ばれ、明文化された法律によってではなく、これまでに積み上げられてきた膨大な判決の集積に基づいて判決が下されます。少年裁判でも、コモン・ローが適用されていましたが、次第に、個別の少年の背景にあるさまざまな事情や特殊性が考慮されるようになり、これまでの判例を機械的に適用することによって不適切な結果を招かないように判決が調整される（衡平を図る）ようになっていきます。そうした個別的救済の発想と国親思想が結びついていったのです。

わが国においては、第二次世界大戦直後、戦争で孤児となった浮浪児が街頭にあふれましたが、子どもたちは生きていくためにさまざまな犯罪に手を染めざるを得ませんでした。そのような彼らを国がどのように更生させるかが喫緊の課題になり、日本でも少年法と国親思想が強く結びついていったのです。しかしその後、少年事件の「適正手続論」が出てくる中で、国親思想は徐々に後退していきます。

2つ目は、成人と同じ手続きで少年に刑罰を加えることについての反省です。中世までのヨーロッパでは、「子ども＝小さな大人」であり、家族を超えた共同体の場に属していました（フィリップ・アリエス『〈子供〉の誕生――アンシャン・レジーム期の子供と家族生活』、みすず書房、1980年）。つまり、「子ども」という概念がなかったのです。その後、近代的学校教育制度が確立していくなかで、特別な配慮が必要な「子ども」という概念が生まれてきます。

各国で少年裁判所が設置されるまで、法を犯した少年は成人と区別されずに処分を受けていましたが、「子ども」という概念が成立すると、成人とは処遇を別にしていく必要性が少年裁判所を生み出していきます。1920年代には、欧米諸国のほとんどが少年法ないし少年裁判諸制度を有するようになりました。

■国親思想の後退と適正手続論

日本では、戦前の明治憲法下にも現在の少年法に相当する法律があり、少年と成人を区別する法思想もありました。成人の裁判とは別に、旧司法省が管轄する少年審判所という行政機関があり、感化院（現、児童自立支援施設）や矯正院（現、少年院）に処遇する9種類の措置をとっていました。しかし、少年審判所は司法省の一機関だったため、検察官という司法官僚の影響力を受けざるを得ない仕組みの下に置かれていました。

戦後、基本的人権の保障を謳った新憲法の下で、現在の少年法が制定されると、戦前の家事審判所を地方裁判所から独立させ、少年審判所と統合させることで、１９４９年1月1日、家庭裁判所が誕生しました。

各国に少年裁判所を生んだ国親思想は、父親が子どもを導くような後見的な考え方、つまりパターナリズム（父権主義）であり、犯罪事実などの認定や少年側の防御権などの手続きがどうしてもおろそかにされるという批判が出てきました。そうした背景には、少年の手続きにおいても、①被疑事実の告知、②弁護人依頼権、③証人との対質権・反対尋問権、④黙秘権などが保障されるべきである、としたゴールト判決（１９６７年）などの影響もあって、１９７０年代に入ると、非行事実の認定などの司法的な手続きがおろそかにされてはならないという「適正手続論」の必要性が強調されるようになりました。こうした流れの中で国親思想は相対的に後退し、代わって、子どもの成長発達権の保障という理念が台頭してきました。

■司法的機能と福祉的・教育的機能

家庭裁判所の審判には、司法的機能と福祉的・教育的機能があり、両者をいかに調和させていくかということが重要といわれています。

司法的機能とは、社会の福祉と安全を守り維持するといった「社会防衛的機能」と非行事実の正確な認定と少年の権利保障といった「司法保障的機能」の2つの要素を持ち合わせています。

また、福祉的・教育的機能は、少年を改善、更生させて社会復帰させるという健全育成の側面のことです。

このために家庭裁判所には、人間行動科学の専門家である家裁調査官や医務室技官（精神科医、看護師）がスタッフとして配置されています。家裁調査官は、最近は1596人で推移しており、全国50の家庭裁判所（本庁）やその支部に勤務しています。東京のように大きな裁判所から調査官が一人しかいない小規模支部までさまざまで、家裁調査官は任期中に各地の裁判所を転勤していきます。かくいう私も、28年の任期中に東京をふり出しに北は旭川、西は広島と8カ所の裁判所を経験しました。

Column 3　触法少年と 14 歳未満のぐ犯少年は児童相談所に通告される

14 歳未満の触法少年とぐ犯少年は、警察から児童相談所に通告され、児童相談所は必要な措置をとることになっています。しかし、児童相談所は毎年のように増大する虐待事件の対応に追われて、少年の指導にまで、十分に手が回らない面もあるようです。

児童福祉法の 27 条の 4 項には、「家庭裁判所の審判に付することが適当であると認める児童は、これを家庭裁判所に送致すること」という規定があり、児童相談所は、近年、この規定に基づいて、重大事件を起こした触法少年を家庭裁判所に送致することが多くなっています。このことから、児童相談所が家庭裁判所への“トンネル機関”になっているとの批判があります。しかし、現在の児童相談所のスタッフ体制や、身柄を確保するための設備といった施設面の問題に加えて、家庭裁判所よりも処遇のバリエーションが少ないことを考えると、仕方のない面もあります。

Column 4　成人裁判は罪刑法定主義

大人の刑事裁判は、犯した罪に応じた法定刑に基づき、その他諸事情（情状事実）を考慮した上で、刑罰を与えるという「罪刑法定主義」を基本的な原理にしています。たとえば、殺人の法定刑は、「死刑又は無期もしくは５年以上の懲役」となっています。法定刑はかなり幅のあるものだとの印象を抱くかもしれませんが、金銭目的の強盗殺人や保険金殺人と、老齢の親の介護に疲れ果てた末の介護殺人とでは、悪質性がまったく異なります。傷害の場合は、「１カ月以上 15 年以下の懲役、または１万円以上 50 万円以下の罰金」が法定刑で、懲役刑で刑務所に収容されることもあれば、罰金刑で済むこともあります。いずれにしても、大人の場合には、犯した罪の責任の程度に応じた報いとしての刑罰が科せられます。また、心身耗弱などによる法律上の減軽や情状面で減軽を考慮するなど、責任を本人だけに帰すことができない特段の事情があると、責任非難の程度が減少し、量刑もその分軽くなります。

第4章

少年事件はこのように扱われる

1　家裁調査官の調査とは何か

家庭裁判所に特有な制度として、家裁調査官制度があります。これは、発達途上にあって教育可能性を有する少年に対して、非行の要因を明らかにし、適切な処遇を考えるうえで、法律だけの観点ではなく人間行動科学の知見も活用するという科学主義の理念に基づくものです。

家裁調査官は、裁判官からの調査命令（少年法8条2項）を受け調査をするのですが、その調査について「前条の調査は、なるべく、少年、保護者又は関係人の行状、経歴、素質、環境などについて、医学、心理学、教育学、社会学その他の専門的智識特に少年鑑別所の鑑別の結果を活用して、これをおこなうように努めなければならない」（少年法9条）と定められています。

■家裁調査官は少年の要保護性を調査する

裁判所がおこなう調査は、審判の対象となる非行事実とそれに関連した要保護性に関する調査活動全般を指しますが、家裁調査官がおこなうのは要保護性に関する社会調査です。調査命令を出すに先立って裁判官は送致された事件記録の証拠書類などを精査し、非行事実の存否について合理的疑いがない程度の心証が得られるかを検討し、もし問題がなければ調査命令を出します。何らかの疑義がある場合には、調査命令が出されず、非行事実認定に関する証拠調べなどが先行します。

家庭裁判所で審判に先立っておこなっている調査は表③のようなものです。

表③　家庭裁判所でおこなわれる調査

調査の種類	担当者	調査の対象	主たる方法
法的調査	裁判官 ＊書記官は補佐	審判条件 非行事実の存否	事件記録の精査
社会調査	家裁調査官	要保護性	面接調査、書面照会

■要保護性の3つの要素

要保護性とは、保護処分の必要性のことで、次の3つの要素で構成されています。

①「再犯可能性」：少年の再犯の可能性はどの程度強いのかといった観点からの検討

②「矯正可能性」：少年がどのような問題を抱え、どのようにアプローチすれば少年が更生に向かえるのかという観点からの検討

③「保護相当性」：刑事処分ではなく保護処分の相当性に関する検討

少年事件が家庭裁判所で受理されると、裁判官から調査官に対して調査命令が出され、担当調査官が決まります。調査官は、少年と保護者を主に面接調査し、学校照会、職業照会などの書面照会をおこないます。中学校や高校に出向くこともあります。また、児童相談所（28ページ参照）や保護観察所（１０２ページ参照）といった関係機関とも情報交換や必要な連携をします。

表④　「少年調査表」の具体的な項目

項　目	内　　　容
非行に関する事項	動機、犯行に至る心理過程、本件後の態度、被害弁済等の有無
家族に関する事項	家族歴、家族関係、保護者の観護能力、今後の指導方針など
生育歴	出生時の状況から現在に至るまでの経過、心身の発達状況など
性格・行動傾向	知的能力、性格及び行動傾向（プラスマイナスの両面）
学業・職業関係	学業・職業に関する適応状況
利用できる資源	雇用など少年の更生に資すると期待できる社会的な資源
処遇意見	少年の更生にとって効果的な処遇について

■非行のメカニズムを解明する

私が新人だったころ、複数の先輩たちから「単なる調査屋になるな」としきりに言われました。調査というと警察の取り調べとか、一問一答式のやり取りを想像するかもしれません。たしかに、調査面接は、家庭裁判所が最終的な処分を決定する上での必要な情報を聴取するという側面がありますが、非行の外形的な事実のみならず、そこに至った少年自身の心理的な動きも把握しなければなりません。

また、それに影響している少年の知的能力や性格、行動傾向、背景となる生育歴や家族関係を含んだ家庭環境、交友関係なども調査して非行のメカニズムを解明するとともに、非行を促進するリスク要因と逆にそれを防止する要因を明らかにし、処遇意見を裁判官に提出するのが調査なのです。

調査では、まずは先天的な生物的要因（知的障害、発達障害など）の有無を精査した上で、少年の心理面や取り巻く状況といった社会的側面の双方を踏まえて「少年調査票」という報告書にまとめます。少年調査票には、事件の重大性に応じて詳細な項目を記載するものから、比較的簡略に記載するものまで、いくつかの種類があります（表④参照）。

■少年鑑別所に出向く

少年鑑別所に収容されている少年には、家裁調査官が少年鑑別所に出向いて面接をします。少年鑑別所には、心理テストを主としておこなう法務技官と行動観察や所内での生活指導と行動観察を主として担う法務教官がいます。

心理テストは、知能テストの他に法務省が独自で作成したパーソナリティテストや非行に関するアセスメントツールなどを用いる他、描画テストなどをおこないます。法務教官も面接をし、日常の生活面に関する行動観察の所見をまとめます。所内には精神科医もいますので、精神医学的な見地から面接をしてもらうこともあります。

これらの結果を持ち寄り、鑑別所内の判定会議を経て、鑑別結果通知書が作成されます。これには総合的な分析や少年の処遇に関する判定意見が記載されます。家裁調査官は、少年鑑別所に出向いたときに、法務技官や法務教官と会って必要な情報交換をして、事件への理解を深めていくというカンファレンスをおこないますので、鑑別所は家裁調査官から得た情報（特に家族に関するもの）も参考にして、判定会議がおこなわれます。

■少年調査票にまとめる

少年鑑別所の心身鑑別が少年の資質や性格行動傾向を中心とした分析であるのに対して、家裁調査官の調査は、家庭環境や少年が置かれている社会的な状況なども含めた「心理―社会的な分析」です。したがって、心理学が中心にはなりますが、精神医学的視点、社会学的視点をなども含めた人間行動科学の知見を活用していくことになります。

殺人などの重大事件では、膨大なページ数の報告書になる場合もありますが、長過ぎる弊害もあることから、〝簡にして要を得た〟報告書が求められるようになっています。しかしながら、最近ではそれが行き過ぎて、「内容が薄くなった」といった批判を弁護士の方から聞くことがありますが、なかなか難しい問題です。

以下は、C子の万引きの事例ですが、少年調査票の一部について記載例を紹介します。

【C子の万引き】

C子（14歳）は、万引きを繰り返していて警察に捕まりました。それまで問題行動は一切なかったため、親や教師も驚いたということです。家裁調査官の社会調査で明らかになったことは、中学1年の後半から部活動の同級生から仲間外れにされるなどのいじめを受けていたこと、学校には通常通り通い、表面上は明るくふるまっていたものの、担任教師や親にも言えず、苦しい日々が続いていたということです。ある日、お店で商品を手にとっていたとき、ふと「このままポケットに入れたら店員は気づかないのではないか」と思い、それを実行したところ、簡単に万引きができました。そのとき、スカッとした妙な感覚に陥り、以後、何度か万引きをするようになったといいます。いじめの被害に遭ったことを知らなかった親は、家裁調査官の調査を通じてそれを知って驚きました。その後、いじめの問題は学校側の指導もあって解決し、C子には明るさが戻りました。

【「非行の動機」欄の記載例】

「少年は、中学1年の終わりころから部活動内の人間関係で悩んでいた。少年は無視されたりといったいじめを受け続けていたが、親や教師に相談してもかえって部活動内の関係が悪化するのではないかと考え、ずっと我慢をしていた。ある日、○○店で好きな商品△△を手にしていたとき、周囲に店員がいなかったため、ふと万引きをしてみようかという考えが頭をよぎり、実際に行動をしたところ簡単にできた。スカッとした気持ちになったため、以後も何度か万引きをするようになった。こうした経緯から本件非行の背景には、いじめに起因するストレスそして抑うつ感があり、本件はそういったものを一時的にでも忘れられること、つまり、ストレス発散的な側面が強かったと思われる。本件後、これまで親に相談できなかったことを伝えることができ、保護者もそれを受け止め、学校側と連携して問題解決にあたることとなった。

少年は、今回の万引きについて深く反省しており、また、保護者も少年を連れて店側に謝罪に行くなど適切に対応した」

■社会記録としてファイリングされる

少年調査票は、各種の書面照会（学校照会書など）の記録や「鑑別結果通知書」とともに「社会記録」としてファイリングされます。この社会記録は審判で裁判官が参考にする他、少年院や保護観察所に送られ、処遇上の参考にします。

たとえば、審判で少年院送致の決定を受けると、社会記録も少年院に送られます。そして、少年院では、処遇の経過を詳細に記録し、それらの資料は社会記録にファイリングされます。1年後、仮退院で自宅に戻り保護観察となると、社会記録は少年院から保護観察所に送られ、保護観察の成績を記した保護観察状況報告書などが新たに社会記録にファイリングされていきます。保護観察が終了すると、社会記録は家庭裁判所に戻されます。

社会記録は少年に関するカルテのようなもので、再犯があった場合には、新たに担当となった家裁調査官は社会記録を見ることによって、前件の非行内容や少年が抱える問題性、処遇経過などを把握することができます。何度も再犯を重ねてしまう少年の場合には、社会記録が分厚くなり、1冊では収まりきらなくなり2分冊になってしまうこともありました。

このように、少年の社会記録は、「事件の受理⇒調査⇒審判⇒処遇」という流れの中で各機関で情報を共有し、効果的な処遇をして少年の更生を図っていくために重要な役割を果たしています。

2 調査面接は取り調べではない

■少年の主体的な語りを引き出す

多くの少年は、家庭裁判所の呼び出しを受けると、叱られるものだと思って委縮していたり、逆に身構え、防衛的な態度を取ったりします。また、最近では少なくなりましたが、明らかに反抗的な態度を取り、大人や社会への反発心をそのまま表す少年もいます。

しかし、調査面接では、警察や検察の取り調べとは異なり、少年に内省と自覚を促進し、少年の主体的な語りを引き出していくことをとても重要視します。もちろん、初対面の少年との調査面接では、少年との関係を構築し、彼らの主体的な語りを引き出していくことに、どの調査官も苦労します。それは同時に、家裁調査官の腕の見せ所でもあるのです。

家庭裁判所に呼び出された「万引きをしたA」（58ページ参照）の面接調査を再現してみましょう。

家裁調査官からの呼出状が来て、母親と一緒に裁判所に出頭したAは、調査官室に行くと待合室に案内されました。Aも母親もこれから何がおこなわれるのだろうかと不安が一杯です。間もなくして担当の調査官が現れ、面接室に移動しました。

調査官は、名前、生年月日、住所といった人定事項を確認し、その後、調査の目的を説明します。人定事項の確認や調査の説明を一通り終えると面接がはじまります。


【万引きをしたAの調査面接】

・A——中学3年生の男子生徒（15歳）
・犯罪事実——ゲームソフト5点（2万円相当）をデパートで万引きして、警察署に連行された。比較的軽微な事案だったため逮捕はされず、家庭裁判所からの呼出状に応じて裁判所に母と出頭することになった。
調査官：では、検察官から送られてきた犯罪事実を読み上げるので、よく聞いていてください（犯罪事実を読み上げる）。どうですか、どこか違っているところはありますか？
少年A：いいえ。
調査官：そうですか。お母さんは、いかがでしょうか。聞いていた事実と同じですか？
母親：ええ、だいたい。ゲームソフトは3点と本人から聞いていましたけど……。
調査官：あっ、そうなんですね。送致書には5点とありますけど、A君、5点で間違いないかな。
少年A：ええ、間違いないです。
調査官：それでは、今回万引きをしてしまったということだけど、どのような経緯や気持ちがあって万引きをしたのかを、A君から説明してくれますか。
少年A：えっ、それは警察でしゃべりましたけど……。
調査官：うん、そうだよね。同じことの繰り返しになっても構わないから、改めてお話ししてほしいんだ。話しやすいところからでいいですよ。
少年A：……えー、その日は日曜日で、何もやることがないから、家でテレビを見ていました。それで、なんとなく○○デパートに行って、ゲームソフトを見ていたら、ほしいのがあって、持っていたお金が2000円くらいしかなかったので、どうしようかと考えたのですが、つい持っていたバッグの中に入れたところ、店員に気づかれなかった……。
調査官：うん、それで？
少年A：勢いがついてしまったというか、意外と簡単に盗めると思い、気が大きくなって、また、やってしまったんです。
調査官：そうなんだ、勢いがついた、気が大きくなってということなんだね。さっき、何もやることがないから家にいたと言っていたけど、いつもそんな感じなの？
少年Ａ：部活をしていたときは、土日も練習だったんですけど、引退してしまったので。
調査官：ほー、そうか、9月の日曜日だからすでに部活は引退していたわけだ。部活は何をしていたの？
少年Ａ：野球部です。
調査官：野球部だったんだね。それで？
少年Ａ：7月の大会後に引退したんですが、なかなか切り替わらないっていうか……。
調査官：切り替わらないというのは何に？
少年Ａ：高校受験に向けてです。偏差値的に希望校は厳しいところがあり、親から「部活を辞めたんだから受験勉強に専念しなさい」と言われていたんですが、なかなか勉強に集中できないで、悶悶としていたというか、イライラして。夏休みで挽回するつもりが全然駄目で焦ってしまうし……。親からは「自分の人生なんだから、ちゃんとしなさい」と毎日のように言われるようになった。
調査官：そうなんだ。じゃあ、9月に入った時期は、結構、焦ったり、イライラしたり、いろんな気持ちが君の中で渦巻いていたような感じだったんだね。
少年Ａ：そんな感じです。

■調査面接から見えること

このようにAからは、部活動を引退して高校受験に向けての切り替えをしなければならないのに、勉強に集中できない状態でいたこと、そんな様子を父母からは、「受験生なんだから、そろそろ本気で勉強しないといけない」と叱責されることが重なり、イライラしていたことが少しずつ語られるようになりました。

デパートへ行ったときには、特に万引きをするつもりはなく、最初はデパート内にある書店に行って参考書を買おうとしたのですが、買わずにゲームソフトの販売コーナーへ移動し、ゲームソフトを見ているうちに万引きに至ったようでした。

万引きは今回が初めてとのことでしたが、同級生の何人から万引きの経験を聞くことがあり、多少の興味関心はあったようです。Aの万引きは部活動引退後の生活の変化、特に受験をめぐるストレスが背景にあり、その発散を図ろうとした気持ちが万引きに結びついたと考えられました。

Aの話を傍らで聞いていた母親は、「まさか、この子が万引きをするなんて夢にも思いませんでした。部活動は一生懸命にやっていましたし、何事も頑張るところがあるので、私たちも家でゴロゴロしている姿を見ると、やることがあるんじゃないのか、と叱ることが増えていたように思います。この子なりに苦しんでいた面があったのですね」と話しました。

この事件後、父母とAは、ゲームソフト売り場に出向いて、謝罪をしてきたとのことです。そのようなエピソードから、父母の危機感が伝わりますし、監督・指導する力を持っていることも推察されました。

Aは、素直に自己の軽率な行為を反省しており、また、当時のむしゃくしゃした気持ちに対して母親が一定の理解を示してくれたことにほっとした様子でした。

担当の家裁調査官は、Aの立ち直りを確信しましたが、被害者に与えた影響について具体的に考える機会として、家庭裁判所でおこなっている「万引き被害を考える教室」の受講をすすめました。「万引き被害を考える教室」などに参加した場合、少年調査票にその感想文が添付されます。この教室については、後で詳しく紹介します（93ページ参照）。

審判で、Aは「調査面接や万引きを考える教室への参加を通じて、軽く考えていた万引きによって、いかに大きな被害を与えたのかよく理解できました。普段の生活態度の問題も万引きに関係していたと思う」と話しました。保護者も、「これまで以上にAとの対話ができ、今後は、責任をもって指導していきたい」と意思表明しています。

裁判官は、万引き行為を強く戒める一方で、自分の課題や被害者に与えた影響などに真剣に向き合っていることなどが評価できること、父母も指導力を持っており、今後の監督に期待できることから、今回は特別な処分をしない「不処分」を言い渡しました。Aと保護者の表情からは、ほっとした安堵とともに、どこかすっきりしたものが感じられました。

■調査面接の教育的側面

調査面接は取り調べではないと言いましたが、面接というプロセス全体が教育的働きかけの意味を持っています。さまざまな問いかけによって、少年は事件を振り返り、自分自身を見つめ直す作業がおこなわれるからです。

この点は保護者に対しても同様です。面接を通じて、ねぎらいや励まし（エンパワーメント）の言葉をかけつつも、保護者自身の自己理解を促し、保護者としての対応に問題があればその点を改善するように働きかけをしていきます。

必要に応じて少年に心理テストも実施し、発達上の課題などに関するアセスメントの参考とします。そして、少年の長所を見出せたときには、たとえば「心理テストの結果によると、慎重に物事を考えるところがあるようだ」「善悪の判断力を十分持っていることが示されている」など、さまざまな言い方によって、それを少年や保護者に伝えます。行動の改善すべき点はしっかりと指摘しつつも、よい点は気づいてもらい、伸ばしてもらうことも重要だからです。

特に、パーソナリティに関しては、見方によって長所にも短所にもなります。決断が遅い人は「優柔不断だ」といえるし、「慎重だ」ともいえるのです。

そこで、調査面接では、少年のパーソナリティについても、できるだけポジティブな言葉に言い換えて伝えます。たいていの少年や保護者は、「えっ」とびっくりするような表情を浮かべます。通常、少年や保護者は悪いことをして裁判所に呼ばれたのだから、叱られるだろうと思っているからです。

少年たちの多くは、褒められた体験が乏しく、自己肯定感も低い場合が多いので、調査面接では、できるかぎりよいところ、伸ばせそうなところを見つけてそれを伝えます。そうすることで、少年自身の励みになるますし、が自分を見つめ直すよい機会にもなるのです。

3　家庭裁判所が持つ「教育的措置」

じつは、「教育的働きかけ」を重視するのは、調査面接だけではありません。家庭裁判所では、調査から審判に至る過程の中でさまざまな教育的な働きかけがおこなわれています。

次に紹介するプログラムに、調査の一環として少年に参加させる場合もあるますし、試験観察の中で参加させることもあります。プログラムの導入は家庭裁判所によって若干異なっていますが、家裁調査官は随時裁判官に状況を報告するなど、裁判官との連携を怠らないようにしています。

■体験学習

教育的措置の一環として、少年に地域の清掃活動や老人保健施設での対人援助業務の体験をしてもらいます。たとえば、東京家庭裁判所では、ボランティアの大学生を活用し、少年と一緒に清掃活動をさせています。人の役に立つことを体験させ、身近なよきモデルとなる学生たちとの交流を図るということは、社会の一員として成長していく力になるからです。

私も少年と一緒にゴミ拾いをした経験がありますが、面接室では得られない、時間と空間を共有している感覚を味わいます。普段なら気にも留めずに通り過ぎる歩道や公園にゴミが散乱していることに気づきますし、目の前で煙草のポイ捨てをされたりすると、互いに目を合わせながら、「あういうのって、すごく腹立つよね」といった対話が生じます。そうした感情や体験を少年と共有すると、連帯感にも似た感覚が生まれるのです。

老人保健施設では、老人のちょっとした一言が、少年たちの心に響きます。

「一人でお風呂に入れないおじいちゃんをお風呂場まで車いすを押して連れていきました。お風呂から出てきたおじいちゃんの髪をドライヤーで乾かすのですが、〝ああ、気持ちいいな。お兄ちゃん、ありがとう〟と言われました。こんなことで感謝されるなんて、恥ずかしいなと思ったのですが、正直、とてもうれしい気持ちになりました」

この少年は、少し顔を赤らめながら、自分の体験を報告してくれたのですが、些細なことでも人の役に立つ体験が、いかに大きなものになるのかがわかります。

■グループワーク

親子合宿や保護者会を通じて学び合うプログラムです。親子合宿とは、親子関係のコミュニケーションの改善を図るなどを目的としたもので、一泊二日の日程でおこなわれます（最近では日帰りが多い）。大自然とのふれあいの中でハイキングやミーティングなどへの参加を通じて、親子関係の改善を図りますが、さまざまなゲームを介してコミュニケーションが活性化されるような工夫がなされています。ただし、親子合宿がおこなわれるのは比較的規模の大きな家庭裁判所にかぎられ、全国的におこなわれているわけではありません。

保護者会は、少年の親たち同士で話し合いを持つ場です。家裁調査官や少年友の会の会員（裁判所を退職した職員その他）が講師やファシリテータを務めます。「思春期の心性」をテーマとしたミニ講義をしたり、保護者が数人のグループとなって日ごろの悩みを出し合ったりします。保護者会は、少年の親に、子どもに対する監護・指導の意欲を高めてもらうという目的があります。互いに実名を名乗らないで済むよう動物の名札をつけるなど、プライバシーを守る工夫もなされています。

他人に相談できる機会がなく、自分たちだけで悩んでいる保護者にとって、保護者会は日ごろの悩みを吐き出せる貴重な機会です。

■各種の教室

家庭裁判所の教育的措置として他に、少年の犯した罪に応じて、社会的学習を促すための各種の教室を開催しています。主な教室と対象となる少年を紹介しましょう。

●「万引き被害を考える教室」：窃盗（万引き）をした少年対象

万引き被害を考える教室の講師は、書店の店主などに依頼しています。万引きの被害に遭うということの意味を被害者の立場で語ってもらいたいからです。たとえば、1000円の本を1冊万引きされると、その損失を回復するために何冊の本を売らなければならないかなど、具体的な話をしていただきます。そうした話は、さほど罪の意識なく万引きを敢行した少年にとって、どんな迷惑をかけているのか、よく理解できるのです。親も前のめりになって話を聞いているということも珍しくありません。

● 「交通講習」：無免許運転、交通事故など態様別に講習

無免許運転の講習では、なぜ運転免許制度があるのか、交通事故を起こすとどのような責任が生じるのかを講義やＤＶＤを用いて説明します。安易な運転が引き起こす事故の怖さを十分自覚してもらうことが主たる目的です。自動車事故に関しては、有免許者を対象に事故を起こすことによって生じる刑事責任（裁判所で処分を受ける対象となること）、行政責任（免許停止、取消などの対象となること）、民事責任（被害者に対する賠償責任を負う対象となること）を講義します。また、「少年友の会」の学生会員（後出）に参加してもらってグループワークをすることもあります。

私もかつて東京家庭裁判所交通係の主任家裁調査官として、このグループワークを運営する側におり、少年たちが学生会員と交通事故について話し合っている姿を見る機会が多かったのですが、よいグループが作りあがっていくと、グループの中で「自動車の運転って、○○のところが大切なんだよね」といった重要なポイントを次々と見出していくようになります。

■審判不開始

通常、最終的な処分は、審判で言い渡しがなされますが、審判をしないで調査段階における教育的措置で終局するのを「審判不開始」といいます。最高裁の司法統計によると、２０１６年の家庭裁判所が処理した既済人員６万８８１人のうち２万２３０４人（約37％）がこの審判不開始になっています。

この数字だけを見ると、「40％近くもの少年事件が審判も開かれないで調査だけで終わっている

のか。やはり少年法は甘いな」と思われがちですが、何もしないで無罪放免しているわけではありません。これまで述べたように個々の事件の特性に応じて教育的な働きかけがなされた上での審判不開始なのです。

4 審判を通じて少年に内省を促す

■事前カンファレンス

事件の調査を担当した家裁調査官が、すべての審判に出席するわけではありません。取り扱っている事件が膨大で、すべての審判には立ち会えないという物理的な制約があり、重大事件など一部の事件にかぎられています。

家裁調査官が審判に出席する事件では、必ず事前カンファレンスをおこないます。事前カンファレンスでは少年の特性に応じた感銘力のある審判にするために、家裁調査官が少年について改めて説明することもあります。緊張しやすく、なかなか言葉にできにくい少年であれば、その点を説明したうえで、「少し待っていただくと、ぽつりぽつり喋る少年です」と審判で配慮した方がよい点を裁判官に伝えます。

裁判官は、重大事件の場合、合議といって3人の裁判官が審判を担当しますが、そのような審判はごくわずかで、ほとんどの事件は1人の裁判官が単独でおこないます。少年法では、審判について、

「審判は、懇切を旨として、和やかにおこなうとともに、非行のある少年に対し自己の非行について内省を促すものとしなければならない」（22条1項）と記されている他、「審判は、これを公開しない」「審判の指揮は、裁判長がおこなう」となっています。

少年法2000年改正によって、後段の「非行について内省を促す……」が書き加えられましたが、少年を委縮させることなく、内省を深めさせるように努めるのは、少年審判の基本理念であり、法改正以前から当たり前におこなわれていました。裁判官によって、少年に対して厳しく叱責することもありますし、少年の頑張りを取り上げて評価することもあります。

■審判で助言や意見陳述をする

審判に出席した家裁調査官は、調査面接時の言動と違いはあるのか、自分の言葉できちんと話ができるのかなど、裁判官と少年とのやり取りを観察しています。途中、裁判官から必ず「調査官の意見はどうですか？」などと発言を求められますので、それまでの審判の流れを判断したうえで、少年や保護者に補足的な質問をしたり、今後取り組むべき課題に言及したりします。

たとえば、緊張してうまく話せない少年には、「先ほど、○○と言いかけてやめてしまったけど、もう少し、お話しできるかな？」「裁判官に述べたことの他に、あなたなりに考えたことがありますか？」などと補足質問をします。調査面接のときは話せても、審判の場になるとうまく言葉にできない少年もいますので、調査面接で少年が発言したことを取り上げて、少年の口から改めて発言するように促すのです。

一方、内省が不十分と思われる少年には、「被害者に迷惑をかけたと言ったけど、具体的にどんな迷惑をかけたのかわかっていますか？」といった質問を投げかけます。

さらに、少年院送致が見込まれる場合には、裁判官に、「本人も（少年院送致を）覚悟していますが、今後の立ち直りのためには、少年院で生活の立て直しを図りながら……」と、家裁調査官としての処遇意見を明確に述べることもあります。

■保護観察所に付き添う

審判の最後に、裁判官から処分の言い渡しがあります。

少年院送致の処分が言い渡された場合は、少年は、少年鑑別所の職員に連れられて一旦少年鑑別所に戻り、それから数日のうちに少年院に移送されます。

一方、保護観察の処分になった場合には、書記官から法定通知書を手渡された少年と保護者は即日、保護観察所に行き、保護観察所の担当者から今後の留意事項などの説明を受けます。保護観察所が、家庭裁判所に近接している場合には、家裁調査官も付き添い、保護観察所の担当者に引き継ぎをする場合もあります。

このように、最終的な処分の決定権は裁判官にありますが、書記官や家裁調査官など、審判にかかわるスタッフが協力して、少年が非行からの立ち直りの出発点となるように、教育的措置の観点からいろいろと腐心するのが少年審判なのです。

Column 5　Ｙ調査官の学習支援の教え

1982年、私は家裁調査官補として東京家庭裁判所第4調査官室に配属されました。当時は、都内23区を4つの地区に分ける地区担当制をとっていました。第4地区は墨田区、荒川区、足立区などのいわゆる下町の担当でした。

私はそこで、Ｙ調査官と出会いました。Ｙ調査官は50歳を超えた大ベテランで、管理職になることを拒み、一調査官として生きることを貫いていました。Ｙ調査官は、毎晩遅くまで仕事をするだけでなく、頻繁に家庭訪問をしていました。私には「熱心な先輩がいる」くらいの認識しかありませんでしたが、あるとき、別の先輩から「Ｙ調査官が何のために毎晩家庭訪問しているのかわかる？」と、質問されました。

私はさっぱりわかりませんでした。すると、その先輩は、「中学生に勉強を教えているんだよ。管理職の中には、“やりすぎだ”という批判的な意見もあるけどね」と説明してくれました。

ある日、私はＹ調査官に恐る恐る尋ねてみました。するとＹ調査官は、仕事の手を止めて、調査官の仕事は、ただ処分を決めるための調査をして終わりではないこと、中学生を更生させるには少しでも学校生活を楽しいものにしてやる必要があること、そのためには学校の勉強を少しでもわかるようにしてやることが大切なこと、やれば自分もできるということを体験させてやれば次につながること……。こうした自分の信念をていねいに説明してくれました。

Ｙ調査官は、それまでの長い経験に基づいて、1つの到達点として学習面の支援を見出していました。私には到底真似ができないと思いましたが、Ｙ調査官と同じ部屋になって、その“調査官魂”に触れ、薫陶を受ける機会を持てたことは、その後の調査官人生を歩む上での貴重な財産になりました。

第5章

少年法の3つの処分
——保護処分・刑事処分・試験観察

少年法は、「この法律は、少年の健全な育成を期し、非行のある少年に対して性格の矯正及び環境の調整に関する保護処分をおこなうとともに、少年の刑事事件について特別の措置を講ずることを目的とする」（1条）と規定しています。

「性格の矯正」という表現はやや強過ぎるかもしれません。少年法の趣旨は、たとえば、地道に頑張ることを怠って刹那的な楽しみに走る傾向がある、といったような少年の性格的な問題が非行に結びついていた場合には、その傾向を改善する必要があるという意味です。

「性格の矯正」というと、少年の性格を丸ごと変えることのように想像しがちですが、物事のとらえ方や価値観、就学意識や就労意識などにおいて、非行に結びついている部分があるとすれば、その部分を改善していくイメージです。

一方で、本人が持っているプラスの部分、たとえば、手先が器用、好きなことには熱中できるといった長所があれば、そうした長所をもっと伸ばせるように働きかけます。こうした働きかけも、「性格の矯正」作業に含まれます。

「環境の調整」とは、家族関係や友人関係の改善を図ることを意味します。ときに反社会的な集団と接触している少年もいますので、これら集団との切り離しも含まれます。少年の非行をめぐって、親子の関係が悪循環に陥っていたり、保護者が監護意欲を失なっていることは珍しくありません。また、友人関係では、少年が非行から立ち直るために、地元を離れ、不適切な交友関係を断ち切らせるという措置が必要な場合もあります。いずれにしても、そうした「環境の調整」を成功させるためには、専門的な介入が必要です。

少年法が規定するそうした専門的な介入の1つが、「保護処分」と呼ばれるものです。少年法24条には、以下の3つの保護処分が規定されています。

①保護観察
②児童自立支援施設・児童養護施設送致
③少年院送致

1　保護処分

①保護観察

保護観察所の指導のもと、非行をした少年が一般社会で生活を送りながら立ち直りを図ったり、刑務所や少年院などから社会復帰を果たす際にスムーズに社会生活を営めるように、釈放後の住居や就業先などの調整や指導を受けたりするための処分です。

保護観察には5つの種類あります。

少年が関係する保護観察は、「家庭裁判所において決定される保護処分としての保護観察」（1号観察）、「少年院を仮退院した後、収容期間の満了日までまたは本退院までの期間受ける保護観察」（2号観察）の2種類です。

他に、成人が受ける保護観察として、「刑務所などの刑事施設を仮釈放中に受ける保護観察」（3

号観察）、「保護観察付きの刑執行猶予判決を受けた者が、執行猶予期間中に受ける保護観察」（4号観察）、「婦人補導院を仮退院した者が受ける保護観察」（5号観察）があります。

少年院を仮退院中の少年が遵守事項を守らないなど、保護観察官の指導にまったく従わない場合には、少年を少年院に戻す再収容の申請を家庭裁判所に提出することができます（更生保護法71条、72条）。さらに、1号観察となった少年が保護観察所の指導に従わない場合も、保護観察指導の強化を狙った改正で、保護観察所長からの申請があれば、家庭裁判所が少年を少年院、もしくは児童自立支援施設に送致できるようになりました（「少年法等の一部を改正する法律」２００７年11月1日施行）。

●保護観察官と保護司

保護観察所は、全国に50カ所あり、犯罪をした人または非行のある少年が、社会の中で更生するように、保護観察官及び保護司による指導と支援をおこなう法務省の機関です。少年院や刑務所と違って、社会の中で処遇をおこないます。保護観察所には、国家公務員である保護観察官が約１０００名配属され、法務大臣から委託された約4万８０００名の保護司が保護観察官の下で指導にあたっています。実際に少年を指導するのは保護司で、保護司は定期的に保護観察官に状況報告書を提出します。

保護司は、法務省が委嘱した民間の方で、資格試験などはなく、給与も支給されません。まったくのボランティアという世界にもあまり例を見ない制度です。元会社員、元教員、僧侶などが保護司として少年の指導にあたっています。かつては地元の名士がおこなう名誉職と見做されてきましたが、都道府県ごとに保護司会連合会を組織し、研修などの諸活動を充実させています。

1号観察の少年では、通常、少年が月2回程度担当保護司を訪ね、生活状況を報告します。保護司はその内容を保護観察官に報告します。保護観察中の少年が重大事件を起こすと、「保護観察が機能していないのではないか」といった批判が起こりがちです。たしかに、不十分な点もありますが、民間人から選ばれた熱心な保護司に支えられている制度であり、そういった大人とのかかわりはとても意義があります。生活状況が悪いなど必要に応じて保護観察官が少年を呼び出して指導をしますので、保護司に任せきりにするわけではありません。

これは成人も含めた話ですが、最近の保護観察では、保護観察中に無職であった者の再犯率が仕事に就いている人の約4倍になっているという調査結果に基づき、少年たちの就労支援に力を入れています。その他、社会貢献活動や薬物依存者に対する指導・支援もおこなっており、より効果的な処遇が目指されています。

●保護観察の種類と期間

少年の保護観察（1号観察）には以下の4つの種類があります。観察期間は、一般の保護観察ですと決定のときから20歳に達するまで、それが2年に満たない場合は2年と定められています。ただし、定期的に保護司を訪ね、生活が安定しているなど社会内での生活全般が良好ですと、多くの場合、1年程度で解除となります。

【保護観察の種類と期間】

ア　一般保護観察――成績良好であれば、1年を経過したところで解除が検討されます。

イ　一般短期保護観察——成績良好であれば、6～7カ月の期間で解除が検討されます。
ウ　交通保護観察——交通問題に絞った指導をする保護観察で、6カ月経過後に解除が検討されます。
エ　交通短期保護観察——交通問題に絞った3～4カ月以内の期間に解除が検討されます。この保護観察のみ担当の保護司がつかず、保護観察所が実施する交通講習を受講することが義務づけられています。

②児童自立支援施設・児童養護施設への送致

●児童自立支援施設

児童自立支援施設とは、「不良行為をなし、又はなすおそれのある児童及び家庭環境その他の環境上の理由により生活指導等を要する児童を入所させ、又は保護者の下から通わせて、個々の児童の状況に応じて必要な指導をおこない、その自立を支援し、あわせて退所した者について相談その他の援助をおこなうことを目的とする施設」（児童福祉法44条）です。

児童自立支援施設は、児童福祉法及び児童福祉法施行令によって、国、都道府県及び政令指定都市が設置することを義務づけられた施設で、現在、全国に58カ所あります（国立2施設、私立2施設、残りが都道府県立、もしくは政令指定都市の市立）。

明治時代の初めごろから、保護者がいない少年（少女）を保護して、教育を授ける施設が民間の篤志家によって各地で運営されていましたが、1900年に「感化法」が制定され、設置義務が道府県に移管され、1933年には「少年教護法」の制定によって感化院は少年教護院と呼ばれるようになります。

戦後すぐの1947年、児童福祉法によって児童福祉施設の1つと位置づけられ、教護院と改称され、さらに1998年の法改正によって、子どもの行動上の問題、特に非行問題を中心に対応した施設とされ、「家庭環境その他の環境上の理由により生活指導等を要する児童」も対象に加えられ、児童自立支援施設と改称され現在に至っています。

このように児童自立支援施設は、その歴史から教育的保護を目的した施設なのです。余談ですが、感化院とは別に、少年院の前身である矯正院が存在していましたが、1923年、旧少年法の「矯正院法」によって少年院が設置されました。

教護院から児童自立支援施設となったことで、対象が以前よりも広くなりましたが、基本的には問題行動を抱えた子どもたちが入所する施設です。対象は18歳未満ですが、その多くは中学生以下で、少年院のように「おおむね12歳以上」という下限年齢の設定はありません。

子どもたちは虐待など家庭的な問題を抱えていることが多く、家庭に代わり得るような安定した環境を提供し、将来に向けた自立のための支援や教育をおこないます。厚生労働省のホームページには、「通所、家庭環境の調整、地域支援、アフターケアなどの機能充実を図りつつ、非行ケースへの対応はもとより、他の施設では対応が難しくなったケースの受け皿としての役割を果たしています」と紹介されています。

児童自立支援施設では、伝統的には夫婦者が職員になり、家族で小舎（10～15人程度の児童が生活できる建物）に住み込み、家庭的な生活の中で入所児童に一貫性・継続性のある支援をおこなうという「小舎夫婦制」をとっています（ただし、職員の負担その他の問題から「小舎夫婦制」は減少化傾向にあります）。

それは、子どもたちの背景にある家庭的な問題の解消に力点を置いているためです。原則的には居室は施錠されません。こういった制度は、問題行動の改善指導を中心とする少年院にはありません。

児童自立支援施設には、児童福祉上の措置として入所しますが、少年法に基づく家庭裁判所の保護処分によって入所する場合もあります。

国立の児童自立支援施設は、男子が収容される国立武蔵野学院（埼玉県さいたま市）と、女子が収容される国立きぬ川学院（栃木県さくら市）の2つです。この2つの施設だけは、鍵のかかる部屋があります。逃走の恐れがあったり、その他必要な場合に鍵のかかる部屋に少年を入れることができるのです。

これは強制的措置と呼ばれるもので、家庭裁判所に強制的措置の許可申請をして、たとえば、家庭裁判所が「180日を限度として強制的措置を認める」という決定をした場合、それに基づいて最高180日間の強制的措置をとることができます。家庭裁判所は最高日数の限度について許可していますから、必要がなければ強制的措置をとらなくても構いません。14歳未満の少年が重大事件を起こした場合には、男子ならば国立武蔵野学院、女子ならば国立きぬ川学院に送致される場合が多いようです。

じつは、私立の児童自立支援施設が北海道と神奈川県に1つずつあります。私は20代のときに、そのうちの1つ、北海道家庭学校（紋別郡遠軽町）に泊まりがけで研修させていただいたことがあります。

北海道家庭学校は、今から100年以上前の1914年、留岡幸助（1864～1934年）によって「家庭学校北海道分校」として設立された歴史を持っています。

留岡は巣鴨監獄の教誨師をしていましたが、少年期の教育が犯罪抑止のために必要と考えて、1899年、東京・巣鴨にキリスト教精神に基づく民営の感化院「家庭学校」（現、児童養護施設東京家庭学校）を設立し、その1つが現在の北海道家庭学校として継続しているのです。

当時の谷校長に「児童自立施設の勉強をしたい。できれば、子どもたちと寝食を共にするという体験をさせていただけないか」と不躾なお願いをしましたところ、快く受け入れてくれました。そこで、裁判所に入って1年目の後輩調査官補を連れて、泊まり込み研修に行きました。

北海道家庭学校も「小舎夫婦制」をとっており、施設職員とその家族が十数名の児童と同じ家屋の中で生活を共にして、必要な指導をしています。私たちもある小舎に泊まらせていただき、そこにいる児童たちと一緒にジンギスカンを食べ、ミーティングなどに参加しました。

もう30年前の話なので記憶は薄れていますが、いろいろな子どもたちがニコニコしながら近寄ってくれたものの、あっという間にいなくなってしまったり、こちらから声をかけても、会話が弾まなかったりと、かなり苦労した記憶だけは鮮明に残っています。対応の難しさとともに私たち自身が子どもたちに試される、評価されていることをひしひしと感じ、神経をすり減らす思いでした。

職員の方からは、いろいろな家庭の事情を抱えている子どもたちがおり、指導の大変さがあること、個々に応じた指導をしつつ、全体の規律を維持していくことが重要であることなどの子どもを世話する要諦を教えていただきました。

裁判所に入って以来、上司や先輩から「調査するというのは一方的な作業ではなく、逆に少年や保護者からどんな人なのか自分自身が調査されていることでもある」と何度か言われていましたが、それを強烈に認識させられた体験でした。

●児童養護施設

児童養護施設とは、「保護者のない児童（乳児を除く。ただし、安定した生活環境の確保その他の理由により特に必要のある場合には、乳児を含む。以下この条において同じ）、虐待されている児童、その他環境上養護を要する児童を入所させて、これを養護し、あわせて退所した者に対する相談その他の自立のための援助をおこなうことを目的とする施設」（児童福祉法41条）です。

児童養護施設は、家庭の問題を抱えた児童を収容する施設のため、児童自立支援施設と同じく居室に鍵のかからない開放施設です。児童自立支援施設と比べて、より福祉施設としての機能に特化しているため、家庭裁判所の審判にかかるような、不良行為をおこなう可能性の高い少年事件では、児童養護施設送致となるのは極めて少なく児童福祉施設への入所が必要と裁判所が判断した場合には、ほとんどが児童自立支援施設へ送致となります。

③少年院送致

少年院は、法務省が所轄する矯正教育をおこなう閉鎖施設で、4種類の少年院があります。

・第1種少年院――心身に著しい障害がないおおむね12歳以上23歳未満の者を収容する施設。
・第2種少年院――心身に著しい障害がない犯罪的傾向が進んだおおむね16歳以上23歳未満の者を収容する施設。
・第3種少年院――心身に著しい障害があるおおむね12歳以上26歳未満の者を収容する施設。全国では、関東医療少年院（東京都府中市）、京都医療少年院（京都府宇治市）の2カ所。*

＊医療少年院という名称がついた少年院は他に、神奈川医療少年院（神奈川県相模原市）、宮川医療少年院（三重県伊勢市）の2院存在するが、知的障害や発達障害などを抱えた少年に対する特別支援的な教育をおこなっており、第3種少年院ではなく、第1種もしくは第2種少年院に分類される。

・第4種少年院――刑事罰の執行を受ける16歳未満の少年を収容し、義務教育を受けてもらう施設。少年法の改正によって、14歳以上であれば大人と同様の裁判にかけられ、懲役刑など、刑事罰を受ける可能性が生まれた。

懲役刑を受けた少年は、少年刑務所に収容されますが、少年刑務所では義務教育を受けることができないため、第4種少年院がつくられました。

●少年院の収容期間

少年院への収容期間は、事件の内容や少年の問題性などを考慮して、家庭裁判所の裁判官が審判で決定します。特に処遇勧告が付されない場合には、約1年間収容されますが、一般短期などの処遇勧告を付ける場合があります。重大事件ですと「比較的長期（18カ月程度）」「相当長期（18カ月以上）」の他、2年を超える長期の処遇勧告が言い渡されることもあります。

【少年院への収容期間】

・特修短期処遇（4カ月以内）
・一般短期処遇（6カ月以内）
・長期処遇（12カ月以内程度）
・比較的長期（18カ月程度）
・相当長期（18カ月以上）
・長期の処遇勧告（2年を超える）

●少年院の教育的プログラム

少年院に対する一般社会のイメージには、刑務所の未成年版というのがあるかもしれません。加えて、収容期間が大人の刑務所と比べて短いため、「少年法は甘過ぎる」という世論が形成される一因になっています。しかし、少年が少年院でどのようなプログラムのもとで、どのような生活を送っているのかは、あまり知られていません。

少年院では入った当初に個別の処遇計画が立てられ、設定された課題を達成していくと進級していくシステムになっていて、各少年には担任の法務教官が付き、面接その他の機会を利用して、さまざまな相談を受け、必要な指導をしていきます。

・「生活指導」――健全なものの見方、考え方、行動の仕方を育成する。
・「職業補導」――勤労意欲の喚起、職業生活に必要な知識・技能の習得を目指す。
・「教科教育」――学習意欲の喚起、基礎学力の向上を図る。
・「保健・体育」――健康管理及び体力の向上を図る。
・「特別活動」――自主的活動、レクリエーション、行事。
その他、被害者に与えた影響などを考えさせるためのアプローチなども実施しています。

●24時間を教育の機会ととらえる少年院

表⑤に示したのは、ある少年院の1日の流れです。

少年院では、1日のすべて24時間が教育の機会になっているところに特徴があります。少年院では、少年は将来の社会復帰に向けて、矯正教育を受けなければなりません。規則も単に守ればよいというわけではなく、自分が犯した罪だけでなく、家族との葛藤、自分自身の問題点など、さまざまな問題に向き合いつづけられるのです。与えられた教育的な課題をひとつひとつ達成しなければ、進級は認められません。

表⑤　ある少年院の1日の流れ

7：00	起床、点呼
7：30	朝食
9：00	職業指導
11：50	昼食、余暇時間
13：00	問題行動指導
15：00	補習教育、運動など
16：30	夕食
17：00	余暇
18：00	日記指導
19：00	余暇
21：00	就寝

また、少年自身の生育歴に立ち返り、それを克服することも求められます。虐待などの不適切な養育を受けてきた少年は、自身に潜む被害者感情に向き合い、それと少しずつ折り合っていけるようにすることが求められるのです。こういった作業は、単に規則を守って生活するのとは異なり、しんどさが伴いますので、向き合っていくための伴走者が必要になります。少年院では担任教官が伴走者の役割を果たしていきます。「少年院は、刑務所よりも楽な場である」という社会一般の認識とは裏腹に、少年院は少年にとって非常に厳しい場です。

ある弁護士会のシンポジウムに参加した際、少年院と刑務所の両方を経験し、現在は社会人として更生している方々の話を聞く機会がありました。彼らが異口同音に語ったのは、「少年院の方がきつかった」ということでした。刑務所では基本的に所内の規則を守っているかぎり、それ以上の指導は受けなかったのに対して、少年院は、常に自分の問題点に向き合わされたため、精神的に厳しかったというのです。

それでも、「いくら精神的に厳しかろうが、少年院を出院後も犯罪を重ね、刑務所に収監されたのならば、少年院の矯正教育など無意味だったのではないか」と主張をする人もいるでしょう。しかし、彼らは、少年院での経験の蓄積が今の更生つながっていることを確信しています。

少年院での矯正教育の成果は、たとえすぐに効果をあげなかったとしても、中長期的にその人の人生をよい方向に変え得るのです。

2 刑事処分

■検察官送致がおこなわれる場合

検察官送致とは、家庭裁判所に送致してきた検察官のもとに事件を送り返す手続きです。検察官送致には、大人と同じような刑事処分相当を理由とするものと、年齢超過つまり20歳になってしまったことを理由とするものとの2つの種類があります。

この検察官送致は、家庭裁判所に事件送致した検察官に送り返すので、「逆送」と呼ぶ場合もあり、時折、「逆送」という言葉が新聞記事でも使われています。

少年法には、「年齢超過による検察官送致の規定」（19条2項）と、「刑事処分相当を理由とした検察官送致の規定」（20条及び同条2項）が書かれています。20条2項の規定は、少年法改正の章で触れた「原則検察官送致」についての規定です（13ページ）。

犯行時14歳以上の事件で、刑事処分が相当と思われる場合には検察官送致ができます。また、少年法改正のところで述べたように16歳以上で故意の犯罪行為によって被害者を死亡させた罪の事件では、原則として検察官送致することになっています。送致を受けた検察官は、地方裁判所に起訴の手続きをしなければなりません。これを起訴強制といいます。

年齢超過の場合には、起訴するか否かは検察官の判断に委ねられています（起訴強制が働かない）。家庭裁判所では、細心の注意を払って年齢超過にするようなことはしませんが、20歳になるまで数日といった少年が検察庁から送られることがあり、そのような場合には「年齢切迫事件」として、急いで本人と保護者に連絡をとって調査をし、即日審判をすることもあります。

このような緊急の措置をとるのは、成人の扱いになると少年に不利になるからです。しかし、翌日に成人となるような切迫した場合や、事件の内容よっては、成人の手続きでも問題がないだろうと判断でき、さらには起訴するか否かは検察官の判断に委ねようと考えた場合には、あえて年齢を超過させたうえでの検察官送致も選択肢の1つになります。

●刑事処分相当と判断されるのはわずか0・5％

ところで、未成年者である少年について「刑事処分の相当性」を判断する際には、どのようなことが考慮されているのでしょうか。

一般に、保護処分によって矯正の見込みがない場合や、矯正が不可能ではないにしても事件の内容が社会に与える影響が大きく、保護処分にする相当性がない場合などは、刑事処分が選択されることになります。

最高裁の「司法統計」（2016年）によると、少年の一般事件における既済人員総数2万7436人のうち412人（約1・5％）が、交通事件では既済総数3万3211人のうち4062人（約12・2％）が、それぞれ検察官送致となっています。

つまり、少年の一般事件の約98・5％、交通事件でも約87・8％が、家庭裁判所の手続きで終了しているのです。成長発達過程にある少年たちは、さまざまな躓きの中で非行がおこなわれており、単に罰を与えるだけではなく、個々の問題性に応じた教育的な働きかけが必要なために、このような高い比率になっていますが、家裁調査官として数千人の少年と出会った私の経験からも、教育の必要性や有効性は強く感じています。

ちなみに、交通事件の検察官送致率が一般事件よりも高いのは、「交通前歴の方が一般事件の前歴より社会的な障害とならないこと」「速度超過などの交通違反をする少年の有職率が一般事件の少年よりも高いこと」「運転免許取得者であれば、その点で成人と同等の立場であり、18、19歳の年長者には、有資格者としての自覚を促す意味で刑事処分が選択されやすいこと」といった理由が挙げられます。

●少年刑務所

刑務所は、刑罰法令に違反し、裁判の結果、刑罰に服することとなった者を収監する刑事施設です。ただし、少年の場合は発育の途上にあり、成人受刑者からの悪影響を防ぐために、一般の成人受刑者からは分離して刑を執行する運用がなされています。

少年刑務所は全国に7カ所あります。収容されるのは16歳以上の有罪判決を受けた者で、受刑後20歳に達したのちでも26歳までは継続できることになっています。実際は、少年受刑者の他26歳以上の成人受刑者をも収容して処遇にあたっています。

刑期に関しては、少年の場合に不定期刑といってたとえば「5～8年」という幅を持たせた判決が言い渡されます。不定期刑は、あらかじめ刑期を定めずに言い渡す自由刑（身体を拘束して自由を奪う刑罰）であり、受刑中の改善状況をも視野に入れ、判決の幅の中で改善がなされた段階で刑を終了します。不定期刑の判決を受ける少年は、短くても3年以上の判決となっているのが現状ですから、収容期間について少年院との単純比較はできませんが、少年刑務所の方が長期にはなっています。

●少年刑務所の「矯正処遇」

刑罰には禁固刑と懲役刑がありますが、禁固刑は過失犯に、懲役刑は窃盗その他の故意犯に科せられます。懲役刑とは、労働が義務づけられる刑で、禁固刑は義務づけられていないという点に違いがあります。ただ、単に身柄を拘束して就労を義務づけているだけではなく、「刑事施設及び受刑者の処遇等に関する法律（受刑者処遇法）（２００５年5月18日成立、翌年5月24日施行）によって、刑罰の執行だけでなく、「矯正処遇」にも力を入れるようになっています。単に応報的な刑罰だけではなく、成人に関しても問題性に応じた処遇が必要だとの考えから改正がなされたものです。

川越少年刑務所は、刑事裁判で刑罰に服することになった16歳以上の少年（少年受刑者）、及び、26歳未満の成人男性（青年受刑者）を収容する施設です。総合職業訓練施設（全国に8施設）の1つに指定されている他、調査センター（分類センター）や、性犯罪再犯防止指導の推進基幹施設としての業務もおこなっています。

矯正処遇として、一般作業や職業訓練といった「作業」の他「改善指導」「教科指導」などがあります。木工、金属その他の仕事に分かれた刑務作業をする他、自分の犯した罪について考えるといった一般改善指導、改善更生・円滑な社会復帰に支障がある受刑者には、「薬物依存離脱指導」「性犯罪再犯防止指導」「被害者の視点を取り入れた教育」「交通安全指導」「就労支援指導」といった特別改善指導、その他教科教育などがおこなわれています。

【職業訓練】

木工、金属、農業などの分野があり、当人の適性によってふるい分けているようです。「矯正展」という催しが開かれていますが、受刑者たちが制作した家具その他がかなり安い値段で販売されます。矯正処遇の実情について国民に知ってもらおうという趣旨で開催されています。

【改善指導】

・一般改善指導――被害者に与えた影響を考えさせるために被害者団体の方に講演をお願いすることなどがあります。

・特別改善指導――薬物依存離脱指導、性犯罪防止指導、窃盗防止指導など問題別の指導プログラムが用意されており、これらを特別改善指導と呼んでいます。特に、性犯罪防止指導に関しては、2004年に発生した奈良女児誘拐殺害事件を契機に、性犯罪の再犯抑止を高めるため、主として北米でおこなわれているプログラムを参考にして、2006年から本格的に導入されました。

【教科指導】

将来、社会生活を営む上で最低限の基礎となる学力が必要という観点から、教科指導がおこなわれています。高等学校卒業程度認定試験を受け、見事合格した受刑者もいるとの報告があります。

●少年刑務所と少年院の違い

このように、少年刑務所でも少年受刑者の「教育」には力を入れており、一見すると、その教育機能において、少年院と大差ないように感じるかもしれません。また、少年院と比べて受刑期間が長く、成人と同様の刑罰が科されるということから、少年刑務所は、少年受刑者の更生、再犯防止のための理想的な施設であると感じるかもしれません。「少年院は甘い」と考える人びと、「少年法の厳罰化を望む」人びとにとっては、刑事処分相当の審判を厳格適用し、少年刑務所への送致率を増やすことが急務と考えてもおかしくはありません。

しかし、少年院と少年刑務所には大きな違いがあります。

①刑務所では単独室での生活、少年院では単独もしくは集団での寮生活

②刑務所での矯正処遇は1日8時間以内、少年院では24時間可能

③個別で詳細な処遇計画を持つ少年院、詳細でない少年刑務所

まず、刑務所での矯正処遇は、法務省令で8時間以内と定められています。少年は単独室に収容され、毎朝、定刻に起床し、点呼を受けたあと、それぞれの持ち場（工場）で作業につきます。そして、夕方に作業を終えるまで、食事などの時間を除く多くの時間を工場で過ごします。そして、作業終了後は、食事、入浴などの時間を除く多くの時間を消灯時刻まで、各自の部屋で過ごします。つまり、刑務所では工場を中心とした矯正処遇の時間帯が終われば、規則に反しないかぎり刑務所内で教育的な指導を受けることがないのです。

それに対して、少年院では、きめ細かい個別の処遇計画を立てて、その達成度を参照しながら指導に活かし、少年の出院につなげていきます。寮での集団生活を基礎とし、規律ある生活を送るだけでなく、少年ごとの問題性に応じた指導があらゆる機会を利用しておこなわれます。少年たちは対人関係上のさまざまな問題を抱えていますので、個別指導だけではなく、集団場面での行動も学

びの場になりますし、ときには、指導の契機にもなるのです。

たとえば、寮内でケンカやいじめなどが発生すれば、当然に指導の対象となりますが、なぜケンカになったのか、他の方法はとれなかったのかなどをしっかり考えさせ、問題対処能力を高めるようにします。また、集団場面での発表その他の機会は、拙いながらもそれをやり遂げたときには、少年にとって大きな達成感につながります。こうした指導の成果は、当然、出院に向けた評価に直結します。つまり、あらゆる機会を利用して矯正教育がおこなわれるのが少年院です。

少年刑務所が矯正処遇の概念を積極的に導入したとしても、それはあくまでも刑罰の一形態であり、少年院の持つ矯正教育機能を代替するものにはなりえません。2つの施設は基本的な成り立ちが異なるのです。

●少年院と少年刑務所の違いが見えにくくなっている

少年院と少年刑務所の差異を強調するのは、両者の優劣を論じるためではありません。両者に求められる機能が異なっているにもかかわらず、両者の違いが見えにくくなっていることが、裁判において少年の処遇に影響を及ぼしているからです。

犯行時18歳の男子少年が強姦致傷を起こし、家庭裁判所は少年を検察官送致としたため、その少年は検察官から起訴され、地方裁判所での刑事裁判（裁判員裁判）となりました。その事件の裁判で、私は情状鑑定を引き受けました。

裁判では、少年の処遇として、少年院送致と少年刑務所送致のどちらが相当かという点が大きな争点となりました。もし、少年院送致が相当だと地方裁判所が判断すれば、この事件は家庭裁判所に再度戻されます。少年刑務所送致が相当と判断すれば、不定期刑が言い渡され、刑務所に収容されます。

この事件では、検察官送致となる前の家庭裁判所の段階で、家裁調査官の意見と少年鑑別所の鑑別結果通知書の判定ともに少年院送致相当の意見であり、その後の刑事裁判で情状鑑定を担当した私も刑務所よりも保護処分として少年院送致が妥当であろうと考えていました。もっとも、鑑定書では、裁判所からの要望もあってどちらが妥当であるかということには言及せず、少年の問題性と処遇としての留意点を中心にまとめました。

この少年は、母親からの虐待を受けて育っており、それに起因して女性像に相当な歪みがありました。女性に対してとてもやさしい側面とサディスティックに支配しようとする側面の両方を持っていて、特に自分が女性にリードされるような場面ではより自分が優位に立とうとし、ときに攻撃的になってしまうのです。

そうした傾向は、母親から虐待を受けてきたことと関連しますので、可塑性のある今の段階であれば、認知の歪みを修正することは可能と考えられました。裁判では、私が鑑定人として法廷に立って鑑定内容を説明した他、元少年院の院長や少年刑務所の幹部職員がそれぞれ少年院と刑務所の特色について法廷で証言しました。

ところが、裁判所の判決は、少年に対して少年刑務所への収容、つまり不定期刑だったのです。判決では少年の抱える問題性を指摘しつつも、少年の年齢の関係で少年院での収容年数が2年に満たなくなるところ、少年刑務所に送致すれば2年以上の収容が可能になること、さらには、刑務所でも性犯罪者の防止プログラムが用意されているという点が大きな理由となったようでした。

私は、予想外の判決に驚きましたが、後日、少年の弁護人を通じて少年院、少年刑務所双方の証人尋問調書を読み、合点がいきました。理念的な話になると、少年院と刑務所とには、ほとんど差異がないように思えたからです。少年刑務所でも少年院と同じような担任制があり、個別面談をしたり、処遇に力を入れていることを刑務所の職員は証言していました。この点は事実であり、証言自体を批判するつもりは毛頭ありません。ただ、少年院と刑務所という〝似て非なる2つの機関〟がどのように違うのか、それをわかってもらうことの難しさを実感しました。

少年刑務所で矯正処遇に力を入れるようになったことは喜ばしいのですが、そのことで理念的には少年院との違いを見えにくくさせ、裁判員に「少年院よりも長く収容でき、教育もしてくれる施設」といった誤った認識を招きかねない事態が生じていることも指摘しておきたいと思います。

3 試験観察

■面接と教育プログラムによる観察

試験観察とは、少年審判特有の制度で、たとえば、少年院送致か保護観察かの選択で迷った場合に、一旦一般社会での生活の様子を見極めたうえで、最終的な処分を決めるという中間的な措置です。

試験観察は、「在宅試験観察」と「補導委託による試験観察」に分けられます。在宅試験観察は、自宅で普通に家庭生活を送ってもらいながらおこなう方法です。一方、補導委託による試験観察は、すぐに家庭に戻せないが、社会内での更生が期待できる少年の場合に、家庭裁判所に登録されている補導委託先にお願いして、そこの受託者のもとで生活を続け、仕事と生活態度双方の指導を受け、必要に応じて担当の家裁調査官が訪ねていくといった形の試験観察です（身柄付補導委託と呼びます）。昨今では、受託者の高齢化とともに新規の委託先を開拓するのが難しくなっており、民間の善意だけでは立ち行かなくなっています。

試験観察の期間中は、家裁調査官が少年と保護者を家庭裁判所に呼び出したり、家庭訪問したりして定期的に面接し、少年と保護者から生活状況の報告を受けつつ、必要な教育的働きかけをおこないます。面接の頻度は一概にいえませんが、週1回の面接をおこなうことも珍しくありません。試験観察の期間に法的な定めはありませんが、実務上、3、4カ月が1つの目安とされています。

試験観察とは、「一定期間様子を見る」といった意味の「観察」ではありますが、担当の家裁調査官からも積極的にさまざまな働きかけをして、一般社会での更生（社会内処遇）が可能か否かを見極めます。個別面接の他に、たとえば、少年に社会的な活動を体験させるため、地域の美化活動に参加させ、人のために役立つ体験をさせるなどの教育的な働きかけをおこないます。

近年、透明性と説明責任の流れを受け、試験観察でも、美化活動のような社会参加活動といった国民からもわかりやすく、理解の得やすい教育プログラムの実施が推奨される傾向が強まっています。しかし、少年をこうした教育プログラムに参加させるにしても、そのための柱となるのは、やはり家裁調査官が面接できちんとアセスメントすることであり、その結果、少年にふさわしいプログラムを選択し、プログラムに参加させるための動機づけ、参加後の振り返りをていねいにおこなうという一連のプロセスを踏まなければ、その効果は半減してしまいます。

多くの少年は、学校や社会でいろいろと問題を起こしてきています。ですから、試験観察期間中にも逸脱行動におよぶリスクはもちろんあります。家裁調査官には、そうしたリスクを抑えこみつつ、必要な指導や働きかけをおこなうことが求められます。

なお、試験観察になった少年に「少年友の会」という家庭裁判所に協力する団体の大学生会員が勉強を教えるなどの活動もおこなわれています。担当調査官の指示のもと、大学生は少年と会って話をしたり、勉強を教えたりするのです。こうしたお兄さん、お姉さん的立場の若者にかかわってもらうことも効果を上げています。

【在宅試験観察で終局した少年D】

担任教師に暴力を振るったとして警察に逮捕されて家庭裁判所に送致され、鑑別所に入所した中学3年生の少年Dに、裁判官は、審判で在宅試験観察の決定を言い渡しました。

Dには少年院で更生させることも考えられましたが、事件についてきちんと反省している様子がうかがえること、これまでの生活態度を変えようという意志が認められることから、そうした反省や意志を社会内でどこまで実践できるのかを見極めた上で、最終的な処分を下すことを決めたのです。

裁判官は最後に、「法律に触れる悪いことはしないこと」「規則正しい生活を送ること」の2点を少年に約束させ、審理は終了しました。

審理終了後、担当調査官はすぐ保護者、担任教諭、弁護人に同席を求めた上で少年に面接し、試験観察の説明をしました。そして、裁判官との約束を守るために何をしたらよいか、3つ考えてみるよう少年に促しました。

少年D：（少し考え込んでから）「遅刻しないことと、授業を勝手に抜け出さないこと」
調査官：「いいね。あともう1つは？」

3つ目はなかなか出てきません。約束を決めるにあたっては、できるかぎり少年自身に考えさせるようにしますが、どうしても思いつかないようです。

調査官：「それでは、お母さんと先生は、裁判官との約束を守るためにDくんに実行してもらいたいことはありますか？」
担任教諭：「お母さんの前でいいづらいのですが、Dくんは、カッとしやすいところがあり、これまでも学校の備品を壊すことがありました。これからは、そうしたことが我慢できるようになるといいと思いますが……」
調査官：「なるほど。Dくんはどう思う？」
少年D：「ええ、それでいいです」

「生活目標ノート」の記入例

上段は自分の評価、下段は先生の評価、家庭内は母の評価を入れる。

◎：大変頑張った　○：頑張った　△：頑張ったところと駄目なところがあった
×：まったく守れなかった

	15日（月）	16日（火）	17日（水）	18日（木）	19日（金）	土日
遅刻しない授業に出る	△	○				
	△	△				
暴力を振るわない	○	○				
	◎	○				
校内の物を壊さない	◎	○				
	◎	○				
総合点	○	○				
	◎	○				
家庭内	◎	◎				
	◎	◎				

こうして、約束を守るための具体的な行動が決まりました。

調査官：「では、この3つを学校生活の目標にしてみましょう。Dくんは、『生活目標ノート』を用意して、月曜日から金曜日まで、毎日、このノートを先生に提出してください。先生は授業が終わったら、ノートに◎、○、△、×の4段階でその日の評価を書き込んで、Dくんに渡してください」

少年D・担任：「わかりました」

調査官：「ノートには、総合評価として、Dくん自身の評価と、お母さんからの評価の欄も加えましょう。それと、今後は、毎週月曜日の午後4時から裁判所で面接をします。面接にはＤくんの他、お母さんも一緒にいらしてください」
少年Ｄ・保護者：「わかりました」

この事例のように、中学生を試験観察するにあたって私は毎日の生活を点検するために、「生活目標ノート」のようなツールをしばしば用います。自分の行動を自己評価するだけでなく、教師や親など、他者からも評価してもらうことで、自分を客観視する力を身につけること、また、周囲が高評価を与えることで、少年の望ましい行動を強化することを狙っています。

そこで、担任教諭には、「本人が頑張っているようであれば、できるだけ○以上の評価をつけるようにお願いします」とこっそりと頼んでおきます。少年の多くは自己効力感が低いため、低評価が続くと容易にくじけてしまい、投げやりになり、再非行のリスクが高まってしまうからです。

面接では、「生活目標ノート」を見ながら、1週間の行動をＤと一緒に振り返ります。Ｄは、時折、教師の評価に不満を漏らすことがありました。

少年Ｄ：「授業を抜け出していないのに、なんで△なのか、意味がわからない」
調査官：「なるほど。何か思い当たることはある？」
少年Ｄ：「……授業は朝から出ていた。その前の朝の会にはいなかったけど」
調査官：「朝の会は、授業前におこなわれるクラスミーティングのようなものかな？」
少年Ｄ：「そう」

調査官：「そうか。じゃあDくんは、その日、授業は抜け出さなかったけれども、朝の会に出ていなかったから、△をつけられたんじゃないかな？」
少年D：「そうかもしれないけど、ちゃんと約束は守った」
調査官：「担任の先生は、Dくんのことをよく見ていてくれてると思うよ。ためしに、明日は授業がはじまる前にちゃんと席について、先生がくるのを待ってみようか。きっと○以上がもらえるはずだから」

Dは、以前の生活に比べると学校生活を頑張っている様子がうかがえましたが、問題行動があった週はたいてい、面接を休みました。そんなときは、母親だけ裁判所に来て「きっと何かあったんですよね」と言っていましたが、母親には多少の余裕が出てきていました。Dはそれでも、翌週には少しばつの悪そうな顔で面接に現れました。

こんなやり取りを4カ月ほどおこない、試験観察の経過については、裁判官に適宜報告をします。そして、最終審判の日、Dは裁判官から試験観察中の頑張りが評価され、保護観察の審判が下されました。

■補導委託による試験観察

補導委託は、大きく2つに分けられます。

①身柄付補導委託

本人を民間の受託者宅、もしくは施設に宿泊・居住させ、生活面と職業面の両面から指導を委託する。

②補導のみ委託

少年を自宅から数日間、受託者施設（特別養護老人ホームなど）に通わせ、職業面の指導を委託する。

従来、補導委託といえば、①身柄付補導委託を指しました。委託先は、飲食店、建設関係などの自営業者が多いのですが、更生保護施設、自立援助ホームなどの各種民間社会事業施設への入所が決まることもあります。

更生保護施設は、犯罪や非行をした人のうち、社会生活がうまく営めず、家族や公的機関などからの援助を受けられない人を一定期間保護する民間の施設です。また、自立援助ホームは、なんらかの理由で家庭にいられなくなり、働かざるを得なくなった、原則として15～20歳までの青少年たちに生活の場を与える施設です。

少年院に送致するのは躊躇するが、即家庭に戻すには交友関係その他の問題から不安が大きい場合や、健全な就労経験を積ませることで社会内処遇につなげていきたい場合などは、こうした施設の活用が選択されます。

ただし、身柄付補導委託をするにはリスクが伴います。少年が委託先から逃走することも想定されるからです。そのため、少年に対して試験観察への動機づけを十分におこない、受託者との相性

表⑥　補導委託の受託者数の推移（最高裁の司法統計を参考に作成）

	身柄付補導委託件数
2012年	126
2013年	132
2014年	141
2015年	113
2016年	107

をよく見極めることがとても重要です。また、委託中、担当の家裁調査官は、月に1度委託先を訪問し、受託者や少年と面接をして生活の様子を把握します。

■受託者の負担・高齢化と個人委託の限界

補導委託では、ときにうまくいかず、委託先を抜け出して再非行に至ってしまう少年もいますが、受託者との出会いが、少年の人生そのものを変えることもあります。ある少年は、補導委託の終了後も委託先に自主的に残って仕事を続けることを選びました。

現行の補導委託制度は、その大部分を個人の篤志に頼っているのが現状です。司法統計によると、身柄付補導委託の全国的件数は、12〜16年にかけて100件台で推移しており（表⑥）、本来もう少し活用があってもよいはずです。しかしながら、少年を預かれば、24時間面倒を見なければならないというハードルの高さがありますし、受託者の高齢化によって、委託ができなくなる事態も生まれています。個人の善意に頼るだけの補導委託はそろそろ限界になっています。

以前、ある居酒屋チェーンが少年の補導委託に関心を示してくれたことがありました。その企業には、借り上げの寮があり、少年がそこで生活しながら店舗で働くことが可能と思われたからです。しかし、寮生活について十分な指導の眼が行き届かないという問題がネックとなって、残念ながら実現には至りませんでした。

補導委託制度を今後も維持し、かつ発展させていくためには、個人委託だけに頼らないシステムを考えることが必要です。

第6章

少年司法厳罰化・適用年齢引き下げ論への批判的検討

1　法制審議会で議論されていること

■先行する少年法適用年齢引き下げの議論

現在、法務省の諮問機関である法制審議会に「少年法・刑事法（少年年齢・犯罪者処遇関係）部会」という特別部会が設置され、２０１７年３月16日の第１回開催から月１回のペースで検討が重ねられています。

この特別部会に先立って、法務省刑事局・保護局・矯正局のもとで「若年者に対する刑事法制の在り方に関する勉強会」（２０１５年11月～２０１６年12月）がおこなわれ、少年法の適用対象年齢を含む、若年者に対する刑事法制の在り方全般について検討がされました。

検討課題は大きく２つあり、１つは「少年法適用対象年齢の在り方について」、もう１つは、「若年者に対する刑事政策的措置」です。

１つ目の「少年法適用対象年齢の在り方について」について法務省は、少年法や刑事政策の研究者、元家裁調査官、元法務教官といった有識者、弁護士、被害者団体の代表者などからヒアリングをおこない、その結果を「取りまとめ報告書」として法務省のホームページで公開しました（２０１６年12月）。「少年法適用対象年齢の在り方」については、「維持すべき」「引き下げるべき」の両論とその理由を併記する形になっており、一見すると中立的な議論がなされたかのように思わせます。

しかし、2つ目の「若年者に対する刑事政策的措置」については、適用年齢引き下げの論よりも多くの紙面を割いており、適用年齢を引き下げることを前提として、18、19歳の年長少年を含む若年者に対する刑事政策を検討していることを強くうかがわせる内容になっていました。

その嫌な予感は、法制審議会特別部会の議論の中で具体的な主張として現れてきました。「少年法適用年齢の引き下げの当否」については、特別部会での審議の要点としながらも、その審議が事実上棚上げにされる形で、若年刑事犯罪者に対する刑事政策の議論が中心になっていったのです。つまり、少年法適用年齢の引き下げを暗黙の前提として、若年者に対する刑事政策の在り方が議論されているといってよい状況となっているわけです。

先の在り方勉強会では、ヒアリングに出席した筑波大学の土井隆義教授が、統計に基づいて少年の逸脱行動が減少していると述べています。また、その後に議論が継続している法制審議会少年法・刑事法（少年年齢・犯罪者処遇関係）部会では、家庭裁判所の現行システムに関する議論が真正面からおこなわれずに、非行少年を含む犯罪者に対する処遇という形で、議論が進んでいます。つまり、適用年齢の引き下げの可否をめぐる本質的な議論がなされていないのです。

元高裁長官の安倍嘉人、山﨑恒の両氏は、「家庭の法と裁判16号」（2018年）の中で、法の改正のために必要な立法事実がないのではないかという疑問を呈しています。たしかに、これまでの議事録を読んでも、現行の少年司法システムに対する真正面からの批判はなく、適用年齢を引き下げた場合に有効に機能している現行システムに劣らないものを作るといった方向で議論がなされていません。その点に関して、私が出席したいくつかの研究会、たとえば2018年12月22日におこなわれた現代刑事法研究会では、同様の懸念を、多くの少年法研究者や弁護士が指摘していました。

本来であれば、まずは現行少年司法制度に関して改正するための立法事実があるか否かを検討をし、その結果として、必要であれば適用年齢の合理性について議論がなされるべきところ、実際には、適用年齢を引き下げることを前提に、18、19歳の年長少年を含む若年者に対する適切な刑事政策を中心的に議論していることに、強い違和感を抱きます。

背景には、憲法改正の可否を決定する国民投票法改正（2018年）や、公職選挙法の改正（2016年）によって、それぞれ投票権年齢が18歳と定められたことがあります。さらに、2018年6月13日に成年年齢を20歳から18歳に引き下げることなどを内容とする民法の一部を改正する法律が成立したことも大きく影響しています。

■安易な引き下げ議論は不要

しかし、各法で年齢引き下げが実現しているからといって、少年法の適用年齢を機械的に引き下げる必要はありません。

実際、成人年齢が18歳になった現在でも、喫煙や飲酒の可能年齢は20歳に据え置かれています。18歳から喫煙や飲酒が可能となるならば、高校生の飲酒が認められることになります。教師や保護者などからは反対の声が強まるに違いありません。少年法の適用年齢が18歳未満、もしくは16歳未満としているアメリカでも、飲酒が認められるのは21歳からです。

このように、適用年齢をすべての法律でそろえる必要はないというのが立法論の定説となっていると多くの法学者は述べています。

少年法適用年齢の引き下げに賛成する論者は、少年法の適用年齢を18歳とする国が主流であると主張します。しかし、少年法適用年齢の世界的なすう勢が18歳未満であるからといって、それに歩調を合わせる必要もありません。アメリカのコネチカット州は2007年、少年法適用年齢を16歳未満から18歳未満に引き上げました。こうした動きは、後で述べる脳科学その他の科学的知見に基づく、少年の定義が変わってきているからです。

特別部会の多くの委員も認めるように、日本の少年法が現行のシステムで有効に機能しているとすれば、むしろ、それを維持発展させる方向で考えるべきでしょう。少なくとも、適用年齢の変更といった、少年法の根幹にかかわる問題について議論するのであれば、より慎重かつ、十分な検討作業をおこなうことが不可欠です。

2　適用年齢引き下げによって起こる「逆転現象」

■刑事事件の起訴率は全体の約35％に過ぎない

18歳という年齢は、高校3年生もしくは大学1年生に相当しており、日本では、まだまだ教育的な手当てが必要だと多くの人が考えているはずです。現行少年法では、「全件送致主義」（58ページ参照）を採用しており、すべての事件について、家裁調査官の調査や裁判官による審判がおこな

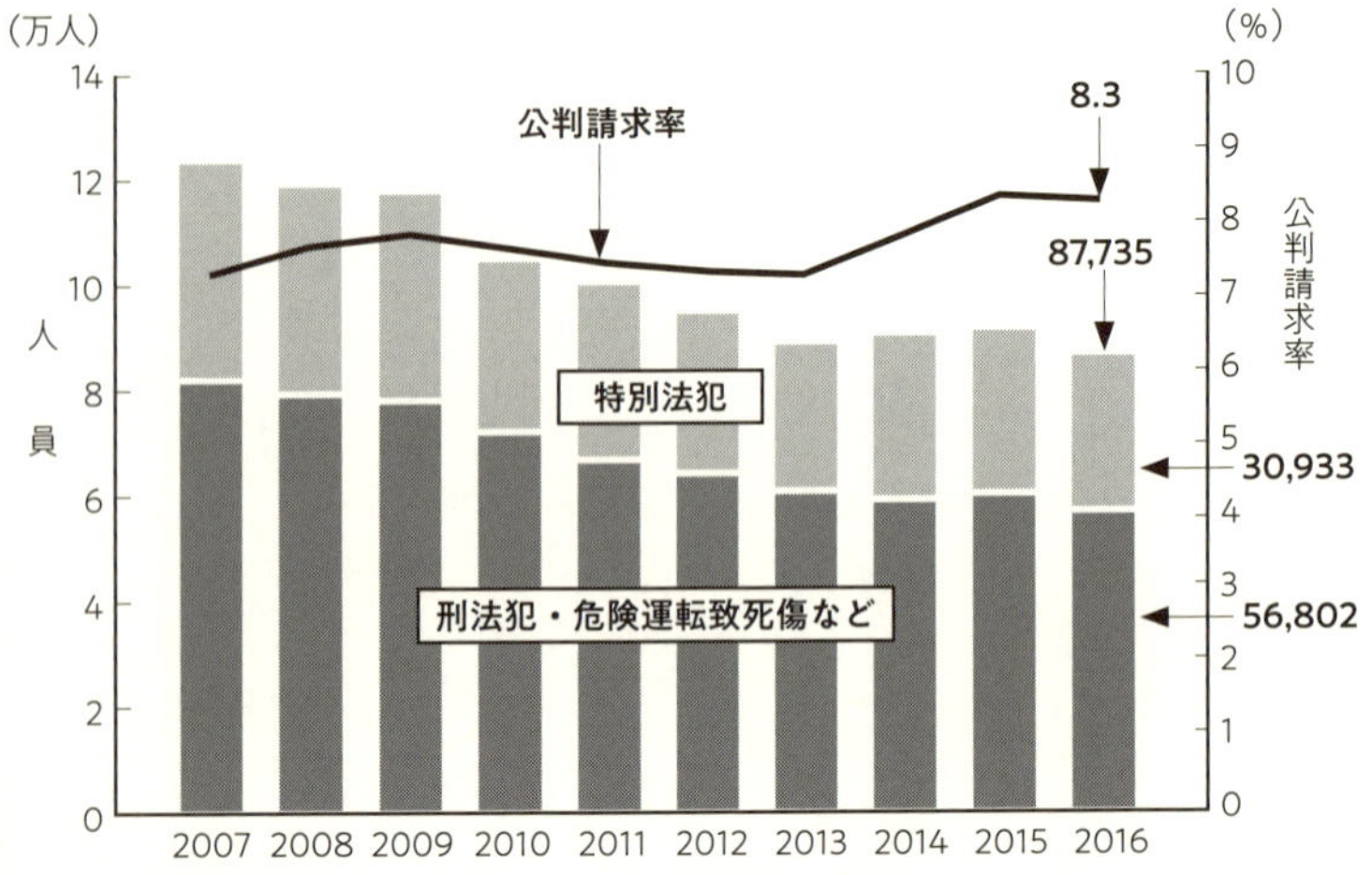

図④　公判請求人員と公判請求率（平成29年版『犯罪白書』）

われ、必要な教育的措置と保護処分が決定されます。

一方、成人の場合はどうでしょうか。罪を犯した人は、必ず裁判にかけられるのでしょうか。答えは「ノー」です。検察が「起訴」という手続をとらないと、裁判がはじまらない仕組みになっているからです。

なぜなら、成人の刑事裁判では、「罪刑法定主義」（76ページ参照）によって、犯罪の内容に応じた処罰が定められている上、刑事裁判に付すかどうか、つまり起訴するか否かは検察官の判断に委ねられているからです。

じつは、検察官が裁判所に起訴するのは、事件全体のおよそ35％に過ぎません。残りの65％は不起訴、及び起訴猶予処分となります。起訴された35％の事件のうち、罰金などで終局する「略式命令請求」（交通違反の罰金刑が典型例です）事件は実に事件全体の27％にもなり、公判請求の手続きを経て、正式な裁判になるのは、事件全体のわずか８％に過ぎないのです（図④参照）。

■少年院送致となった少年と起訴猶予となった成人

私が、家裁調査官になって間もないころ、ある少年事件を担当しました。犯行当時19歳の少年が、先輩である21歳の成人男性と共謀して傷害事件を起こして逮捕されたのです。

少年は、仕事もせずに暴力団関係者とも交遊のある先輩と毎晩のように遊んでいました。また、これまで万引きや恐喝の前歴もあったため、傷害の程度としては比較的軽かったものの、この機会に集中的な矯正処遇をおこなうことが必要だと判断され、一般短期（収容期間６カ月程度）での少年院送致となりました。

一方、成人していた共犯者は、被害弁償が済んでいることもあって、起訴猶予の処分になってしまいました。同じ罪を犯しても、未成年の少年は少年院送致となり、成人は事実上の無罪放免となってしまったのです。

刑法上の処罰の方が少年法に比べて厳しいと考えがちですが、このような「逆転現象」がしばしば発生するのです。これは理念やシステムの違いによるもので、成人の犯罪では「罪刑法定主義」に基づいた罪の程度に応じた罰が与えられ、この事例のように傷害程度が比較的軽く、示談が成立していて、初犯であると、起訴までされないこともあり得るのです。

一方、少年事件では、犯罪の内容は当然に重視しますが、少年が抱えている問題性に応じた処遇が検討されますので、成人の方が軽い処分になってしまう場合もあるわけです。

表⑦　一般保護事件の終局処分・終局時年齢別（2016年、最高裁判所「司法統計」より）

処分時年齢	人　数	
年少少年（14～15歳）	9441人	
年中少年（16～17歳）	1万297人	
年長少年（18～19歳）	7340人	保護処分　：3177人 不処分　　：1439人 審判不開始：2626人

＊終局処分：事件について、家庭裁判所が最終的な処分を決めること。

それだけ少年事件の方が手厚く処遇しているということになります。では、もし、引き下げが実現すれば、どのようなことが起こるのでしょうか。

表⑦は、２０１６年に交通事件を除く一般保護事件で終局処分（事件について、家庭裁判所が最終的な処分を決めること）を受けた少年の年齢構成別人数です。

年長少年７３４０人のうち、保護観察や少年院などの保護処分を受けたのは３１７７人（43・3％）、不処分となったのは１４３９人（19・6％）、審判不開始が２６２６人（35・8％）でした。

さらに、不処分や審判不開始で終局したとしても、ごく一部の例外を除いて、家裁調査官による調査が必ずあり、「必要な教育的措置」がおこなわれていることは強調しておく必要があります。

一方、成人事件の起訴率は、前述の通り全体のおよそ8％ですから、これを年長少年の人数に単純に当てはめると、1万78人のうち、起訴されるのはわずか８０６人であり、その他は罰金もしくは不起訴・起訴猶予となって、何ら手当てがなされなくなります。もちろん、少年法のような教育的措置は存在しません。

このことからも、少年法適用年齢を単純に引き下げて、年長少年を成人の刑事システムに組み込めば、18、19歳に対する手厚い手当てが後退することは明らかです。むしろ、本来ならば、保護処分や教育的措置が取られるはずの少年たちが、不起訴や起訴猶予、もしくは罰金のみで終局し、社会に放り出されてしまう恐れがあるのです。そのため、法制審議会の特別部会では、適用年齢を引き下げた場合に生じるこういった問題点を解決するために、「若年者に対する新たな処分」が議論されていますので、この問題点について触れてみたいと思います。

■「若年者に対する新たな処分」のパッチワーク的議論

当初「少年法適用年齢の引き下げの当否」は特別部会で審議する要点としていましたが、その審議が事実上棚上げにされる形で若年刑事犯罪者に対する刑事政策の議論が中心になっています。適用年齢を引き下げることを想定して、18、19歳の年長少年を含む若年者に対して、適切な処遇ができるような刑事政策を中心に検討がなされているのです。

本書を執筆している2019年4月段階では、この新たな処分については今後も審議が続けられるようであり、案が十分固まってはいないようです。ただ、「訴追されない18歳及び19歳の者に対しては、必要な処遇や働きかけを家庭裁判所がおこなう」ということで、適用年齢引き下げによって生じる弊害をできるかぎり減らそうとしています。しかしながら、この〝代替策〟は、現在家庭裁判所がおこなっている教育的措置とは構造、機能面に照らして、〝似て非なるもの〟なのです。

■適用年齢引き下げに伴う18、19歳への対応

法制審議会少年法・刑事法（少年年齢・犯罪者処遇関係）部会第8回会議配布資料には、「18歳及び19歳の者が保護処分の対象から外れることとなった場合に、比較的軽微な罪を犯し刑事処分がなされないこれらの者に対して更生改善に必要な処遇や働きかけをおこなうことを可能とすることを目的とするものである。本処分は、いわゆる行為責任の範囲内で正当化され、その範囲内でおこなわれるものである」と記されています。この場合、家庭裁判所ができる対象者の処分については、保護観察までとするA案と施設収容もできるB案があります。いずれにしても、現在の全件送致主義から事実上の検察官先議への大きな転換になります。

検討されている案に基づけば、A案、B案いずれにしても最初から処分の上限を設定した上で社会調査をおこなうことになり、これでは現状とは質の異なるものにならざるを得ません。というのは、A案のように社会内処遇に限定されれば、対象者の緊張も薄くなり、さまざまな動機づけも困難になることが予想されます。また、B案では、不起訴相当の事案で収容処分が可能なのかという問題に加え、少年院に代わるような施設がどのようなものなのか明確でなく、施設収容の適否を考える上で従来の要保護性概念とは異なる新たな視点が導入される必要が出てきます。

戦後生まれた家庭裁判所が、司法的機能と福祉的・教育的機能の両面を併せ持った特別な裁判所として完成されているのは、家裁調査官や少年鑑別所といった科学的機能が備わっているからといった単純な理由からではなく、受理―インテーク―調査―審判―処遇機関への引き継ぎといった

一連の流れが少年の健全育成のために存在しており、書記官や事務官などあらゆる職種もかかわっているからです。

こうした〝一貫性のある構造と機能〟があるからこそ、多様な問題を抱える少年や家族を支え、「厳しい中にも温かさ」「温かさの中にも厳しさ」といった少年司法特有のかかわりを成立させているのです。

現在審議されている家庭裁判所の新しい処分は、保護処分でもなく、刑事処分でもない中間的な処分として説明されていますが、その法的性質は極めてあいまいです。また、事実上の先議権を持つ検察官が、どのような観点で刑事処分に付すか家庭裁判所の手続きに付すかの判断をするのかという疑問もあります。この判断において、保護観察所及び少年鑑別所の調査機能の活用がもし考えられるとしても問題は解決されません。むしろ、どこまで踏み込んだ調査が可能なのかという新たな問題が浮上してくるからです。現在、家裁調査官が少年や家族に対してプライバシーに踏み込んだ調査をおこなえるのは、裁判官が当該非行事実について蓋然的心証を得ているという大前提があるからで、裁判所が関与しない段階で事実上の判決前調査のようなことが許されるのか、法的観点での議論が不可欠です。

このように現在の議論はまだまだ不明確な点が多々ありますし、かなり強引な理屈が展開されているように思います。そのようになってしまったのは、繰り返しになります、立法の事実を踏まえずに適用年齢引き下げありきの議論で出発しているからだといわざるを得ません。

■年長少年は「社会的に自立した存在」と認められるか

18、19歳という年齢の少年たちが、果たしてどこまで大人としての責任を引き受けられるのかという問題についても、十分な議論が必要です。

「若年者に対する刑事法制の在り方に関する勉強会」の「取りまとめ報告書」において、全国高等学校長協会会長の宮本久也氏は、「現在の少年は社会的経験が乏しく自立が遅くなっている」と指摘しています。また、日本大学の広田照幸教授及び東京理科大学の山本宏樹助教は、「非行少年への処遇は、全体として有効に機能している」、一橋大学の葛野尋之教授は、「少年法適用対象年齢の引き下げは再犯を増加させ、刑事政策上深刻な問題を生む。また、民法の成年年齢とは、合わせる必要もなく、合わせるべきものでもない」と警鐘を鳴らしています。

また、精神科医の友田明美氏、八木淳子氏は、それぞれ表現は異なるものの、生育環境と脳の発達の問題、特に思考力、判断力、犯罪抑制に関係する前頭前野の発達が25歳前後まで続くことなどから、保護的支援や早期治療の必要性を述べています。

文部科学省のホームページには、『若者の「社会的・職業的自立」や「学校から社会・職業への移行」を巡る経緯と現状』について、「子ども・若者の変化として、職業人としての基本的な能力の低下や職業意識・職業観の未熟さ、身体的には成熟傾向にもかかわらず精神的・社会的自立が遅れる傾向等、発達上の課題も指摘されている」と書かれており、こうしたものは喫緊の課題としています。脳科学の見地から見ても、社会的な成熟年齢は従来の考えよりももう少し高いと考えられるのです。

たとえば、成人の刑事手続きではおよそ27％が罰金刑の処分となりますが、経済的に自立していない18、19歳に同様の罰金刑を科しても、多くの場合、保護者が支払わざるをえないでしょう。「子どもの罪を肩代わりする親」に批判が集まることは目に見えますが、そもそも支払い能力のない少年に、過重な罰金を科すことにこそ批判の目を向けるべきです。

18、19歳という年齢が、自分の行為に対する責任と自覚が求められる年齢であることはまったく否定しません。日常の行動もそうあってほしいものです。ただし、「自分の行為に対する責任と自覚が求められる年齢である」からといって、彼らを一律に刑事罰に処すことがよいのかといえば、そうではないというのが私の立場です。むしろ、相応の責任と自覚を持つことができるようになるためには、少年院での教育的な働きかけが有効であり、18、19歳に対して、刑罰ではない手厚い対応が可能である現行システムは十分に機能を果たしていると考えています。

ここで少し、脳科学をめぐる裁判実務の取り扱いについて、アメリカを例にとりながら考えてみましょう。

アメリカでは2000年に入ってから、脳科学研究によってもたらされた知見が裁判実務に影響を及ぼすようになってきており、少年法適用年齢〝引き上げ〟の動きを生じさせています。脳科学の知見によれば、感情と報酬感を制御している大脳辺縁系の発達は10歳前後から成熟が促されていくのに対して、衝動行動を抑制する前頭前皮質の成熟が20歳代後半まで進行します。過剰でリスキーな行動に高揚感を感じやすいのが青年期であり、これを制御する機能が十分に発達するまでには25歳過ぎまでかかるということが明らかになっています。友田（２０１７年）は、脳の発達における成熟のミスマッチが少年を危険な行為に走らせやすくさせていると指摘しているのですが、それは、発達心理学の研究でも支持されており、脳科学と発達心理学の研究が連動していく中で科学的なエビデンスが形成されてきているのです。

こうした中、Justice Policy Institute（２０１７年）のレポートによると、２００７年にコネチカット州で少年法の適用年齢が16歳未満から18歳未満に引き上げられたことを皮切りに7つの州で引き上げがおこなわれました。現在も適用年齢を16歳未満としているのは、ニューヨーク州など7つにすぎません。

したがって、２０００年以降のアメリカの動向を見ていくと日本の適用年齢引き下げ論は、真逆の感があります。こう述べると、「世界の多くの国が18歳を成人年齢としており、アメリカも18歳に引き上げるか否かの議論であって日本とは異なる」といった反論があるかもしれません。

しかし、成人年齢をめぐっては絶対的な基準があるわけではなく、各国の歴史、文化、価値観、科学的知見などに照らして総合的に考えていくべきものです。ここで重要なのは、アメリカでは人間の発達に関する科学的知見（エビデンス）も踏まえて、適用年齢の妥当性を模索し続けている点です。交流のあるアメリカ人のソーシャルワーカーにアメリカ司法の動向を聞いたところ、「緩やかにかつ確実に脳科学の知見は裁判所が重視するようになっている」とのことでした。

3　少年法適用年齢引き下げで低下する家庭裁判所のプロベーション機能

■適用年齢が引き下げで試験観察は激減する

家庭裁判所のプロベーション機能が最も発揮されるのは、試験観察です。プロベーションは、「保護観察」と訳されることが多いのですが、「試験」「試練」「仮猶予」といった意味があります。プロベーションの概念は、1840年代にアメリカで始まったと言われています。マサチューセッツ州ボストン市の靴職人であったジョン・オーガスタスが1841年に更生の見込みがありそうな刑事被告人について、裁判所から判決の宣告を猶予してもらい、自ら引き取って更生させたことがその起源です。彼は、生涯で200人近い人の更生に寄与したといわれています。その後、彼のような役割を担う専門職としてプロベーション・オフィサー（Probation Officer）が誕生し、1878年に最初のプロベーション制度が成立しました。

家庭裁判所の理念を遡れば、このプロベーションの概念に行きつきます。少年は心身の発達途上にあり、可塑性に富む段階であるからこそ、家庭裁判所では、調査―審判の過程で教育的働きかけをおこない、その結果を踏まえて最終処分を決めています。先に述べた試験観察の起源はこのプロベーションにあるといえます。必要に応じて可塑性のある少年の更生を考えたときに、とても有効な概念なのです。

現在検討されている若年者への新しい処分の中でも試験観察が盛り込まれていますが、そもそも代替案として家庭裁判所の手続きに付すという点で大きな問題があり、試験観察の性質なども具体的に示されていません。むしろ、憂慮すべきは、適用年齢引き下げによって、家庭裁判所のプロベーション機能そのものが低下する可能性です。

適用年齢の引き下げは、17歳の少年に対する試験観察の減少をもたらすことになるだろうと考えています。たとえば17歳10カ月、11カ月の少年に対して、家裁調査官が試験観察の意見を書くでしょうか。まず書かないと思います。なぜならば、試験観察ができるのは成人に達する前まで、つまり18歳の誕生日を迎える前までとなりますから、試験観察するには期間があまりにも短いのです。試験観察の多くは、社会内処遇の適否を見極めるためにおこなわれます。そうした岐路に立った少年たちに対して、試験観察ができないゆえに、社会に戻すリスクを避けて少年院送致を選択することが多くなるかもしれません。

また、在宅処遇が見込まれる場合でも、地域の清掃活動や老人保健施設での対人援助業務の体験といった社会奉仕型短期補導委託や各種教育的プログラムの活用もしにくくなります。

少年院での矯正教育は十分に信頼できるものです。しかし、少年の身柄を一定期間拘束することは事実ですし、残念ながら、世間から「少年院に送られた少年」として見られることは避けがたいのが現状です。ですから、安易に少年院送致を選択するわけにもいきません。少年の将来を考えるならば、社会の中で更生する道を選択できればそれに越したことはないのです。したがって、まずは試験観察として社会内処遇の可能性を探り、結果を見極めた上で最終的な審判を下すという過程を選択できることが極めて重要になります。

もちろん、試験観察が必ずしも順調に進むとはかぎりません。順調に更生できた少年もいますし、試験観察中に再犯をして少年院送致となってしまった少年もいます。

しかし、後者であっても、単なる試験観察の失敗だったといえるでしょうか。仮に試験観察がうまくいかなかったとしても、少年からすれば「自分にチャンスを与えてもらったが、それを活かしきれなかった」ということになりますので、少年院送致の処分にも納得することができます。

また、裁判官あるいは家裁調査官から少年が試験観察中に「頑張れたこと」「頑張ろうとしたこと」「まだ足りないこと」を整理して少年に伝えることは、少年院での取り組みにつながっていくものであり、失敗だけで終わらせられるものではありません。

試験観察は、その結果だけで単純に成功、失敗と言い切れるものではなく、家裁調査官、付添人の弁護士、家族、学校の教師、雇い主など、少年が試験観察の過程で生じたさまざまな人びととの関係や出会いが、有形無形の財産となって何年か後に花を開かせる可能性までを考えなければならないのです。この点は、従来あまり強調されてこなかったことです。

人との出会いが、人生のターニングポイントになることはよくあることです。しかし、その出会いをすぐに活かしきれない少年もたくさんいます。でも、それが心の財産として少年の中に残っていると、その財産を活かす機会がきたとき、更生に向けたエンジンとなるのです。

交通事件を除く一般保護事件において、試験観察に付された人員数は1057人（2016年）と、終局総人員（2万7708人）から見れば3・8％と決して多くはありません。しかし、それは少年の更生という点から、家庭裁判所がおこなう調査・審判という司法手続きのなかでも重要な意味と意義を有します。同時に、適用年齢の引き下げは、18、19歳という年長少年に対する処遇のみならず、じつは、年中少年（17歳）の処遇にも大きな影響を与え、家庭裁判所のプロベーション機能を低下させる可能性があることを認識しておかねばなりません。

司法統計の終局処分における年齢構成から明らかなように、16～17歳の年中少年の数が最も多く、この年齢層が非行のピークです（138ページ表⑦を参照）。ところが、18歳に間近い少年に対して、本来ならばていねいな調査や教育的措置をしなければならないにもかかわらず、年齢超過の関係から手薄にならざるを得ないという事態が想定されるわけです。

■家裁調査官の英語訳の変更

家裁調査官の英語訳は従来、"Family Court Probation Officer"でしたが、"Family Court Investigating officer"に変更されたと聞いています。従来、家裁調査官を"Probation Officer"と呼び、"Investigator（調査官）"と直訳しなかったのには、意図がありました。家裁調査官は、単なる調査する人ではなく、「プロベーションの理念を担う人」という意味合いが込められていたのです。

そもそも、原語と訳語が、語義的に必ず一致しているとはかぎりません。たとえば、アメリカの"Probation Officer"は日本語で「保護観察官」と訳されていますが、必ずしも日本の保護観察官と同じではなく、日本の家裁調査官と保護観察官を合わせたような職務内容を持っています。家裁調査官の英語訳変更は、家事事件の職務内容に合致しないことが主たる理由でありますが、家裁調査官が単なる「調査屋」にならないよう、そのアイデンティティを維持し、後退させないようにしなければなりません。

2000年少年法改正によって、「原則検察官送致」の仕組みが導入されました。それ以来、検察官送致の対象となった重大事件について、家裁調査官の調査に深みがなくなったという指摘を、弁護士や少年法の学者から聞くことが多くなっています。

私自身も、刑事事件に付された少年事件の鑑定を依頼されたり、弁護士から鑑定もしくはケースの見立てに関する相談を受けたりすることがあるのですが、たしかに分析の甘い少年調査票を目にすることがあります。少年法20条2項の新設によって、保護処分の意見が書けるのは限定的になっているため、中には一通りの調査をして迷うことなく検察官送致の意見を書いているかのような印象を持つ少年調査票も散見されます。

そうした危惧は現役のころから感じていました。少年の資質や生育歴を分析していくと、刑事罰に処すよりも、少年院送致などの保護処分の方が後の社会適応がよくなり、再犯抑止にもつながると考えられるケースはかなりあるのですが、少年法20条2項の制約から、刑事処分相当の意見を書かねばならないからです。

もちろん、原則検察官送致の事件であっても例外的に保護処分にすることは可能ですが、現在の実務では、刑事処分の例外にあたる特段の事情としては嬰児殺人、被害者側にも相当な落ち度がある従犯であるなどの場合にかぎられているのが現状でしょう。

そうしたことから、少年調査票の意見欄を読み進めていくと、保護処分が妥当ではないかと思われる分析内容が書かれていても、検察官送致の事件であることを理由に刑事処分相当の結論になるというようなことが生じています。

調査による詳細な分析に基づいて論理的に保護処分か刑事処分かを決めるのか、あるいは、刑事処分の例外にあたる特段の事情があるという理由を挙げるのか、いずれにしても家裁調査官は苦慮しています。そこでは、「保護処分の相当性」「保護処分の許容性」というのが大きな検討課題になるからです。

原則検察官送致の対象となった事件は、「保護処分の相当性」がないと法が想定した事件ですが、検察官送致後の刑事裁判では、保護処分の相当性について改めて吟味されるべきでしょう。「保護処分の相当性」というのは、なかなか難しい概念ですが、国民の良識の反映である裁判員制度が導入された今日においては、裁判員から見た「保護処分の相当性」の判断がとても重要になります。そのためには、社会や被害者の受け止め方だけではなく、犯罪に至ったメカニズムとその背景、さらには更生可能性といった点についての検討がとても重要になります。その意味で、情状鑑定（心理鑑定）はもっと活用されるべきではないかと考えています。

将来、社会復帰した少年が社会に適応でき、犯罪を繰り返さないことは社会の安全に寄与するので、国民の感情に合致するはずです。そう考えると、保護処分の相当性を考えるのに、保護処分の有効性の検討が必要不可欠になってくるはずで、それであれば家裁調査官の各意見欄も、論理的に無理のない展開が可能になってくると思います。

しかし、現在の実務においては、保護処分と刑事処分の有効性を比較検討することは原則検送事件の趣旨に反するとされており、どうしても、外形的な事実関係で原則刑事処分の例外として保護処分を選択する余地があるか否かといった狭い観点から検討することが多くなっている印象があります。原則刑事処分相当事件の実務をめぐっては、家庭裁判所の持つ専門性を法の運用の中でどう活かしていくのか、これからも考えていかねばならない問題です。

4 「少年法が甘い」と思われる理由

■「非公開で甘い」という家庭裁判所の印象

本書では、家庭裁判所が少年事件を起こした少年をどのように扱い、どのような手続きを経て審判にかけるかについて、できるだけ詳しく説明してきました。こうした実情はほとんど知られていません。大きな要因は、未成年の審判には、成人の刑事裁判のような公開された手続きが存在しないということが挙げられます。

また、裁判所自体が他の行政機関と比べて積極的に広報をしないという組織的な体質とも関係しているでしょう。たとえば、法務省では、少年院での取材を受け入れたり、矯正展を開いたりすることで、直接的・間接的に国民にアピールしています。しかし、裁判所はそれと異なり、「法の日」(10月1日)に法廷や審判廷など、一部を公開する程度で、日常おこなっている職務を積極的に国民にアピールしようという姿勢は行政機関ほど見られません。ある意味致し方ない面はあるのですが、家庭裁判所は、少年事件の秘密保持の観点から、その存在意義や機能を広く告知することにどうしても慎重な姿勢がみられます。

■「保護処分」の響きの甘さ

家庭裁判所の処分は甘く、刑事裁判は厳しいという単純化された図式で語られることもしばしばです。特に、少年による殺人などの重大事件では、ときに、家庭裁判所で保護処分にすべきか、大人と同様の刑事処分にすべきかで論争が起こります。

家庭裁判所の審判で下される処分のうち、「保護観察」「児童自立支援施設・児童養護施設送致」「少年院送致」の3つを総称して「保護処分」といいます（101ページ参照）。しかし、「保護」という言葉が、少年を「守る」といったイメージを想起させるからか、家庭裁判所は少年に甘い処分を下していると受け止める人が多いと思います。

もちろん、少年審判では、成長過程にある少年を守る側面もありますが、単に守るのではなく、犯した罪にきちんと向き合わせて、必要な教育的働きかけをしていることはこれまでに述べてきた通りです。

■誤解を受けやすい家庭裁判所の「教育的措置」

しかし、家庭裁判所のこのような取り組みはあまり知らされていないため、国民の理解がなかなか得られず、ときに誤解さえ生じるのです。

その典型が、家庭裁判所がおこなう「教育的措置」（91ページ参照）でしょう。体験学習、グループワーク、セミナー、学習支援、就労支援といった教育的措置は、以前は、「保護的措置」と呼ばれていましたが、外部からはわかりにくく、最近では「教育的措置」という言葉が使われることが多くなりました。

しかし、少年非行に携わる関係者でさえも、「教育的措置」の実態をよく理解していなかったところもありました。少年鑑別所や少年院の職員でも、教育的措置については詳しくはありません。審判不開始や不処分となる少年との接点がないというのも一因でしょう。

少年のプライバシーに十分配慮しつつも、家庭裁判所の手続やさまざまな教育的措置については、より広く社会に知ってもらうことが必要です。

■「少年法が甘い」という幻想の背景には社会不安がある

少年事件は決して増えていないし、凶悪化も進んでいないということを統計で示せても、大きな事件が発生すると、それだけで、発生件数が増え、凶悪化もしているように錯覚しがちです。さらに、事件の動機が理解できなかったり、残虐な事件だったりすると、さらなる怒りや恐怖などを感じます。そうして、「今の若い人たちは何をするかわからない」といった雰囲気が生じ、ある種の社会不安が膨らんでいきます。

一部の政治家や識者と呼ばれる人びとは、こうした社会不安に乗じ、「少年法が甘いから」「家庭に問題があるから」「親がしっかりしないから」などのわかりやすい言説を振りまきます。すると、世論は一気にそちらに流れてしまうのです。

少年非行に携わる専門家で、「少年法は甘い」「少年法が悪い」という言説を主張したり、少年法が非行を駆り立てる要因や背景にあると考えたりする人はいません。なぜならば、少年たちが本当にそんな先のことを考えて（計算して）行動をとっているのならば、非行そのものに至っていないからです。実際には、ほとんどの少年が、そのときの瞬間的な感情や気分で後先考えずに非行に走っているのです。

先に触れた少年院経験のある3人の男性がシンポジストとなったシンポジウムで、会場から「少年法が甘いといわれることと非行とは関係するのか」との質問を受けた際、3人は一様に苦笑いしながら、口をそろえて答えていたことがとても印象に残っています。

「ぼくたちは少年法がどういうものなのか知らなかったし、そんなことを考えて悪いことをするなんてあり得ないですよ」

これほど実態を的確に表した言葉はないでしょう。

■刑務所に比べて収容期間の短い少年院

少年院の収容期間が、刑務所に比べた場合に短くなることも、「少年法は甘い」といわれる1つの原因になっています。一般の少年院の場合に23歳未満、医療少年院の場合には26歳未満という収容年齢の上限が定められています（少年院法第4条）。そのため、19歳11カ月で殺人を犯した少年が少年院送致となった場合には、23歳の誕生日前までのおよそ2年間しか少年院には収容されず、その後は社会に戻ってしまいます。

一方、刑務所に収監される場合には、3年以上の収容が可能になります。私がかつて鑑定した少年は、強盗致死という重い犯罪だったこともあって、無期懲役の判決を受けています。こうした点を比べ、「少年法が甘い」といわれるのです。

また、収容後に関しても、少年院の方が刑務所よりも「甘い」と考えている人も多いでしょう。たしかに、少年院には、少年がこれまでの人生で味わってきたさまざまな思いをきちんと受け止める温かさがあります。しかし、繰り返しになりますが一日24時間すべてを教育の機会としてとらえ、自らの問題に向き合わせる厳しさもあるのです。

日本社会は18、19歳という年齢をどのように考えているのでしょうか。

本書の冒頭にも述べましたが、世論の圧倒的な多数が少年法適用年齢の引き下げには賛成である一方で、成人年齢や選挙権に関しては賛否が分かれています。

このような状況であるからこそ、少年法の適用年齢引き下げを検討する場合には、18、19歳の非行についての分析と現行の司法手続きでの有効性や課題を明らかにして、引き下げの是非を問うという当たり前のプロセスが必要になってきます。それを国民に広報しながら、最終的な結論を下すことが大切だと思います。

非行や犯罪は、私たちの心を大きく揺り動かします。悲惨な事件の報道に接すれば、「犯人を許せない」「一生刑務所に入れておいてほしい」という強い気持ちが生じるのは私も同様です。「目には目を、歯には歯を」のハムラビ法典に象徴されるように古代における応報は、現代社会においても社会的な応報はあっても、それは犯罪の予防とそれに伴う社会の安定化が伴わなければなりません。日本では、江戸時代まで仇討ちが認められていましたが、その後は、当然ながら私的な応報は許されていませんから、裁判という場ですべてが裁かれるのです。

したがって、個人の応報感情は成人の刑事裁判においては罪刑法定主義に基づく社会的応報に昇華させるとともに、司法手続きが再犯の予防に寄与しなければなりません。そのためには、感情論に陥ることなく、非行や犯罪を冷静に分析する視点が不可欠であり、それを国民に広く提供していくことです。

この少年法適用年齢引き下げの問題は、じつは、司法に限定されるものではなく、広く青少年の育成に関係しています。大人になる過程で非行も許容されるという意味ではありませんが、仮に道を外れてしまっても、それを軌道修正する方法を用意しておくことは社会のセーフティーネットでもあるのです。

5　少年非行の厳罰化は非行抑止に効果的か

■1980年代、アメリカで少年事件の厳罰化が進んだ

少年法は、2000年を皮切りに07年、08年、14年と改正を重ねてきました。それまで司法の外側に置かれていた被害者への配慮などが盛り込まれた一方で、刑事司法化いわゆる厳罰化が推し進

められていったといってよいでしょう。

ところで、「厳罰化の効果」はどこまであるのでしょうか。そこで、海外の研究に目を向けると、１９９０年代以降、相当数の研究がなされており、アメリカの司法省少年司法・非行防止事務局(Office of Juvenile Justice and Delinquency Prevention：OJJDP）が出している少年司法に関する紀要には、これらの研究に関するレビュー論文が掲載されています。

アメリカでは、１９８０年代後半から少年事件の取り扱いについて、厳罰化の手続きが進みました。具体的には、多くの州が一定の少年や犯罪については自動的に少年裁判所から刑事裁判所の手続きに移行する移送法（Automatic Transfer Statutes）を定めるようになったのです。移送法は、少年事件が発生した際に、少年裁判所からその管轄権を排除し、成人と同様の刑事司法のもとで裁くための手続きを定めた法律です。移送法を定めたのは、１９７９年では14州でしたが、１９９５年には21州、２００３年には31州と増えていきました。

その結果、１９９０年代半ばには、重大事件で刑事裁判に付され、その後刑務所に収容された少年の数はピークに達しました。しかしながら、このような厳罰化政策を進めても、再犯率が下がらない、むしろ、少年事件手続きよりも高くなるといった皮肉な現象が起きてしまったのです。

Redding（２００８年）は、厳罰化の効果に関して代表的な6つの研究を紹介していますが、いずれも、成人の刑事裁判手続きに付された方が少年事件よりも社会復帰後の再犯率が高いとの結果が出ています。

その代表的な研究として、コロンビア大学教授の Fagan の研究（１９９６年）を紹介します。

Faganは、強盗や不法侵入をおこなった15～16歳の少年に関してニューヨーク州とニュージャージー州との再犯率を比較検討しました。両州で少年事件として扱われる年齢は、ニューヨーク州が16歳未満、ニュージャージー州が18歳未満と異なっているため、16歳の少年はニューヨーク州では刑事裁判所、ニュージャージー州では少年裁判所で扱われることになります。両州は地理的にも近いため、同種犯罪をおこなった少年を比較対照群としたのです。

それぞれ約８００人のサンプルに基づく調査の結果、再犯率はニュージャージー州の方が有意に低く、結論として、厳罰化は社会が望んだような結果を生み出さず、むしろ、逆の効果になっていることが示されたということです。

Redding（２００８年）は、Faganその他複数の研究が示している厳罰化の問題を以下のように整理しています。

①重罪犯人としてのラベリングその他によるマイナス効果
②刑事裁判で扱われたことによる憤りや不公平感
③成人の受刑者との接触による犯罪行動の学習
④社会復帰に向けた更生や家族のサポートの減少

要因は他にもあるかもしれません。しかし、これら4点は、少年事件にかかわる専門家であれば、だれもが経験的に理解していることであり、研究レベルでも支持されたことになります。たとえば、ラベリングの問題は、昔からいわれてきたことです。そのため、日本の少年法は、少年の匿名性など、プライバシーに十分配慮したものとなっています。

また、成人受刑者からの悪影響に関しても、未熟で他者からの影響を受けやすい年代の少年であれば、十分に予想されることです。少年非行の古い教科書を開くと、「非行への感染」という言葉が出てきますが、良くも悪くも影響を受けやすいのが10代です。こうした研究結果は、どれも少年非行を扱う現場の感覚を支持するものです。

■適用年齢引き上げの動きがはじまっている

アメリカでは、こうした研究結果が相次いだことや脳科学研究の進展によって成熟の概念に再考を余儀なくされてきたことから、２０００年代後半から、少年事件の厳罰化に一定の歯止めがかかりはじめました。

また、山口（２０１７年）によると、２００５年のローパー判決をはじめとして、いくつかの最高裁判決が未成年者と成人とでは帰責可能性（犯罪行為に対する責任非難の程度）は異なる見解を示しており、裁判実務へ大きな影響を与えているとのことです。

ローパー判決とは、死刑判決を受けた行為時17歳の少年に対して、ミズーリ州最高裁が、①当該少年が成熟性を欠き、責任の感覚が十分発達していない、②自己を取り巻く環境から脱する能力はなく、仲間からの否定的な影響や外部からの圧力に脆弱である、③性格が未だ十分に形成されておらず、その行為は更生不能というほど堕落していない、といったことを理由に死刑判決を取り消したものです。

こうした観点は、発達心理学の研究（Steinberg, Rら）の一部を援用していることも注目すべきところでしょう。その後も、同様の観点からいくつかの判決が出ており、今や少年の帰責可能性の低さを根拠とした刑事責任一般にまで議論は拡大しつつあるとされています。

こうした科学的なエビデンスも踏まえた裁判の取り組みは、わが国でも参考にすべきと思います。

第7章

少年司法の理念を刑事司法全体へ広げる

1 「社会の安心の安全」をどのように実現するのか

■「再犯の防止等の推進に関する法律」の成立

従来、少年事件に関しては、少年の健全な発達を促し、再犯を予防するために、家庭裁判所で少年審判の手続きと教育的措置がおこなわれ、さらには少年院送致や保護観察といった保護処分を少年に課してきました。その成果は、たとえば、刑事施設や少年院に入所した人の中に占める再入者を見ていくと、ある程度明らかになってきます。

図⑤は、刑事施設に入所した人の中に占める再入所者の占める割合の推移を示したものです。2003年からやや増加傾向になり、15年は59・4％を占めています。また、入所者について、前回出所して2年以内から5年以内までの各割合が右側のグラフです。2年以内で再入所する人の割合は19・4％ですが、5年以内で見ると38・8％になっていることがわかります。

一方、少年に関しては図⑥のように、2年以内に少年院に再入院もしくは刑事施設に入院する比率は、11％前後でここ10年間を推移しています。また、成人と同様に5年間で見た場合、これもほぼ横ばいで、2011年の時点で少年院への再入院率は15・9％、刑事施設への入所も含めると21・7％となっています。この再入所率だけで軽々には語れませんが、少年事件の再犯率は成人よりも低く、一定の成果を上げているといってよいと思います。

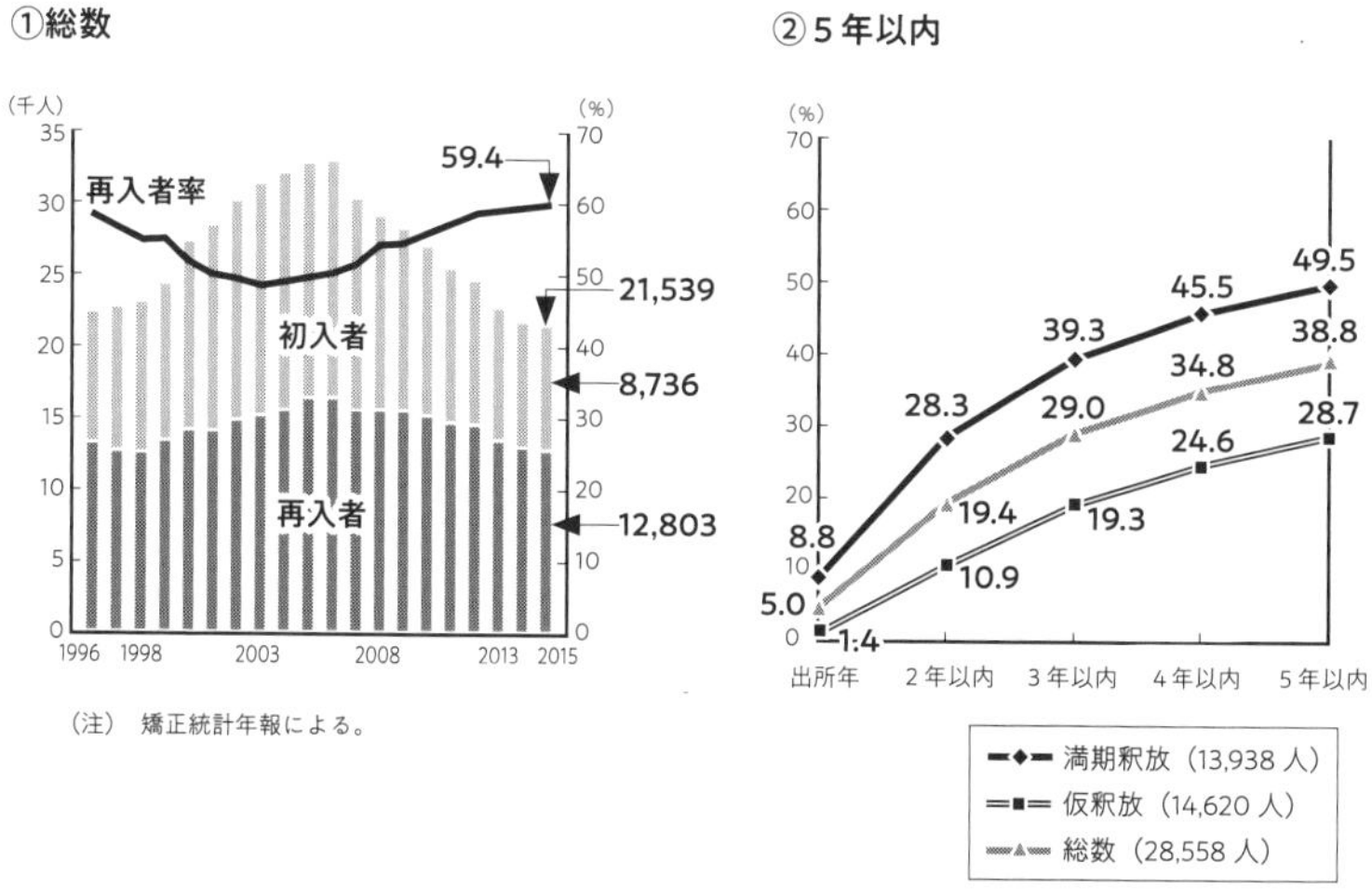

図⑤　入所受刑者人員中の再入所者人員・再入者率の推移（平成28年版『犯罪白書』）

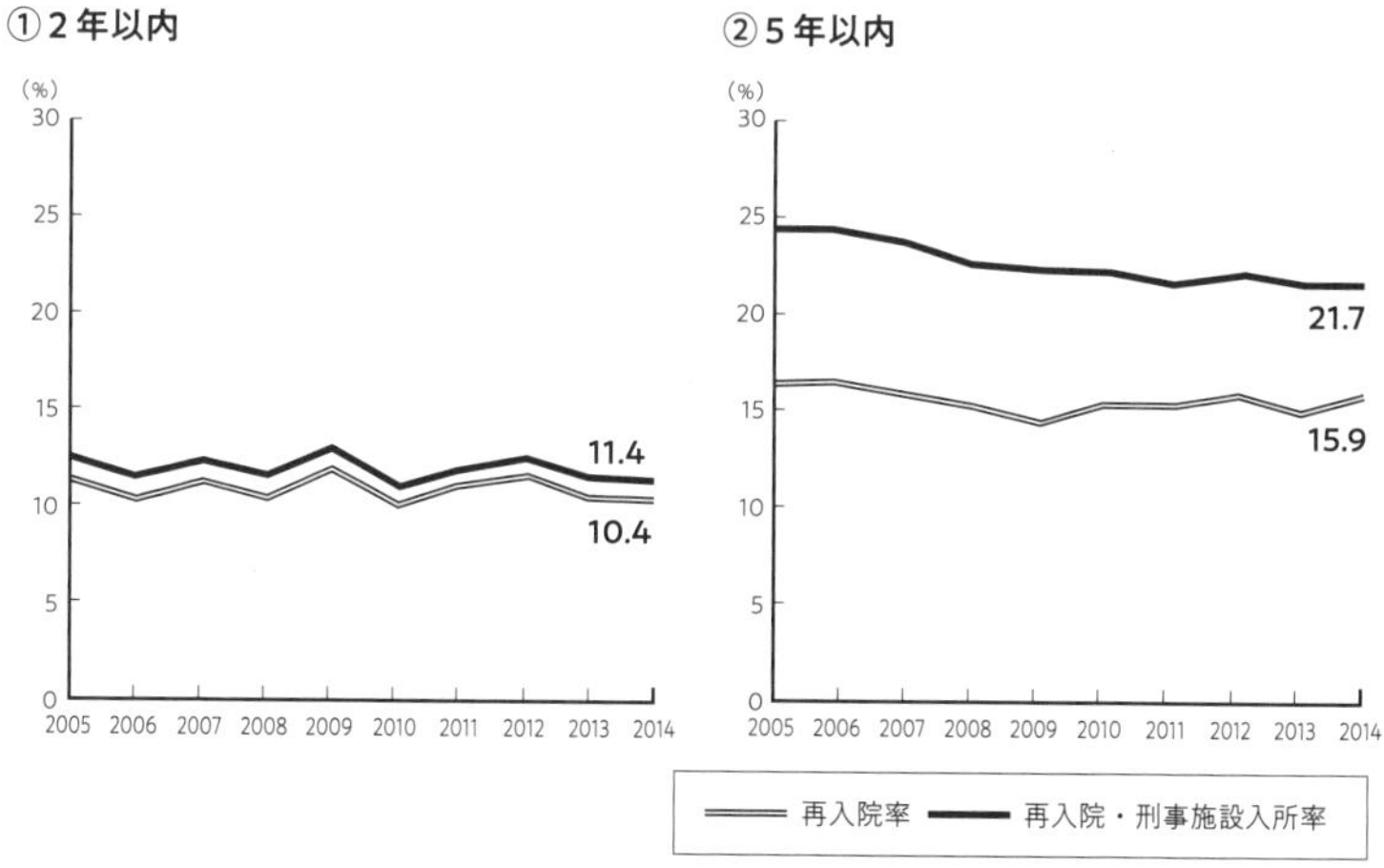

図⑥　少年院出院者の再入院率と再入院・刑事施設入所率の推移
（平成28年版『犯罪白書』）

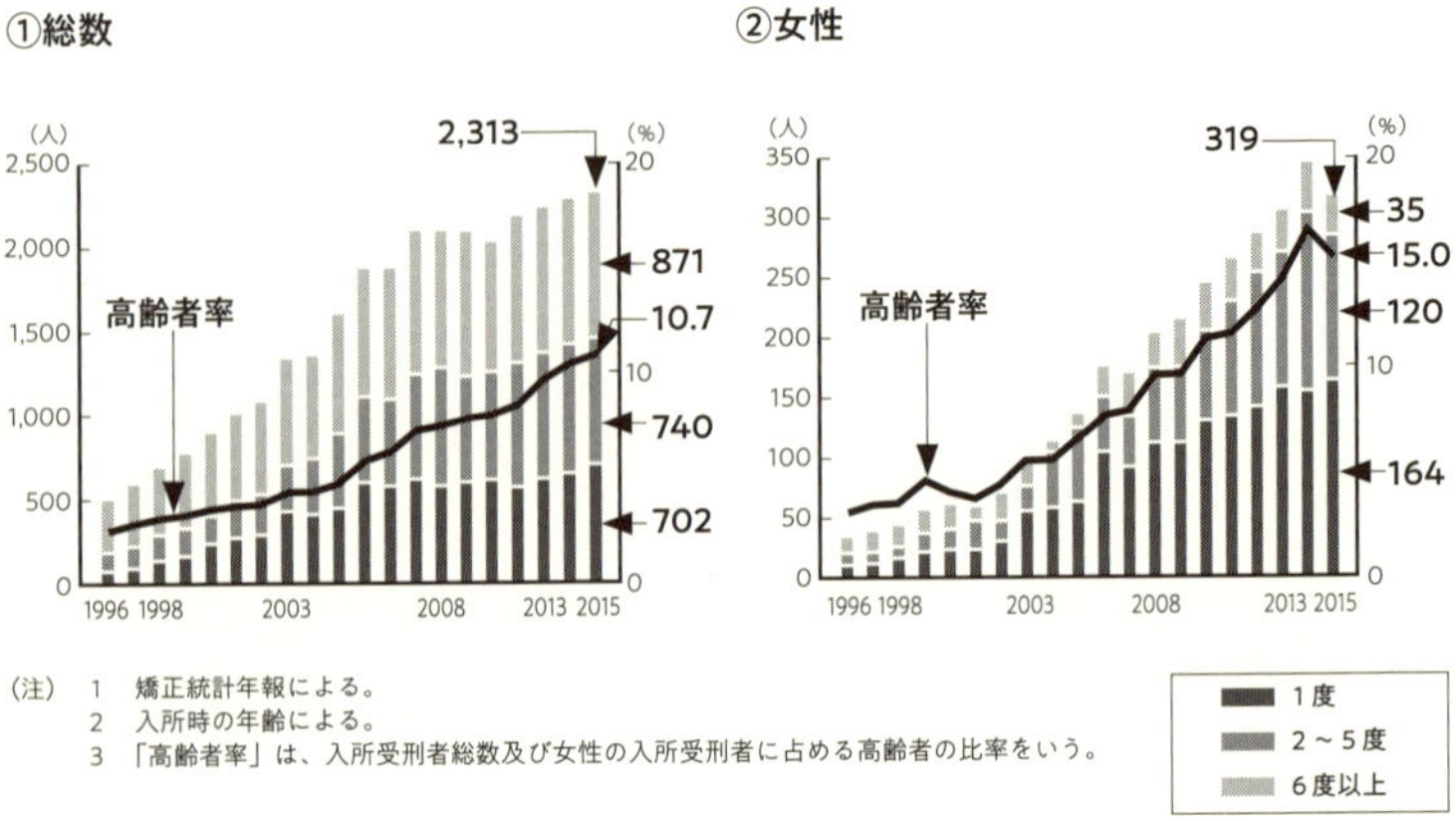

（注） 1 矯正統計年報による。
2 入所時の年齢による。
3 「高齢者率」は、入所受刑者総数及び女性の入所受刑者に占める高齢者の比率をいう。

図⑦ 高齢者の入所受刑者人員（入所度数別）・高齢者率の推移（総数・女性別）（平成28年版『犯罪白書』）

一方、成人においては、再入所者率が漸増している現状があり、特に男性の覚醒剤取締法違反の場合には、２０１５年を例にとると76・6％と高い比率になっています。また、高齢者に目を向けますと、入所受刑者総数に占める高齢者の比率（高齢者率）は、上昇傾向にあり、特に女性の高齢者の比率はより顕著となっています（図⑦）。

こうした諸状況を踏まえて、２０１６年７月12日には犯罪対策閣僚会議の中で「薬物依存者・高齢犯罪者等の再犯防止緊急対策」が検討され、「再犯の防止等の推進に関する法律」（16年11月16日、第１９２回国会）が議員立法として提出され、16年12月7日、参議院本会議にて可決成立しました（同年12月14日施行）。

法律に基づいて、２０１７年12月、政府は「再犯防止推進計画」を策定し、取り組むべき7つの施策を示しました。

【「再犯防止推進計画」で示された7つの施策】

①就労・住居などの確保のための取り組み
②保健医療・福祉サービス利用の促進のための取り組み
③学校などと連携した就学支援の実施のための取り組み
④犯罪をした者などの特性に応じた効果的な指導の実施のための取り組み
⑤民間協力者の活動の促進など、広報・啓発活動の推進のための取り組み
⑥地方自治体との連携強化のための取り組み
⑦関係機関の人的・物的体制の整備のための取り組み

■刑事司法と福祉の連携に向けた動き

この「再犯の防止等の推進に関する法律」の最大の目的は、刑事司法関係機関による取り組みの限界を見据えたうえで、貧困や疾病、嗜癖《しへき》、傷害、厳しい生育環境、不十分な学歴などさまざまな生きづらさを抱える犯罪をした人たちが地域で孤立しないような息の長い政・地方公共団体・民間協力者が一丸となった取り組みを目指したものです。それは、前記7つの施策のなかに、その考えが色濃く反映されています。

じつは、犯罪の背景にある社会的な躓きなどの諸問題を解決することの必要性は、この法律が成立する以前から、矯正の現場で広く認識されていました。たとえば、刑事施設（刑務所）を出所した高齢者や知的障害者が、社会福祉的な支援を受けられず、結果として、同じような罪をふたたび

犯してしまうといったケースがしばしば報告され、社会福祉の専門家から、矯正施設出所後、直ちに福祉サービスなどにつなげる仕組みをつくり、高齢者や知的障害者などを支援していく必要性が強くいわれるようになっていました。これは、本来、社会福祉制度のなかでケアすべき人びとが見過ごされ、刑事司法制度の応報刑に頼ってきたことへの反省を促すものでした。

こうした要請を受け、厚生労働省は、２００９年に地域定着支援事業を創設し、地域支援定着センターは、保護観察所と協働して、高齢・障害のために福祉的支援を必要とする矯正施設退所者について、退所後直ちに福祉サービスなどにつなげるための施策を始めたのです。現在は全国の47都道府県に地域定着センターが設置されています。

また、最近では検察庁に社会福祉専門職を配置する動きが出ています。その先駆けとなったのは東京地方検察庁で、不起訴処分や執行猶予判決などによって矯正施設に入所することなく釈放される犯罪者に対しても、釈放後の円滑な社会復帰を支援すること、いわゆる入口支援が再犯防止になると考え、２０１３年４月から「社会復帰支援室」を発足させています。その後、こうした動きは全国的に広がりを見せており、札幌・仙台・東京・横浜・静岡・京都・大阪・神戸・広島で同様の取り組みがなされています。

「再犯の防止等の推進に関する法律」が施行されたことで、こうした現場レベルでの制度運用の改善が法的に後付けされ、さらに国の施策としてまとめられることで、高齢者や知的障碍者の再犯予防は、地方自治体も含めた取り組みとなりました。その意味では一歩前進ともいえますが、その具体的な施策内容に関しては、いくつか懸念する声が上がっています。たとえば、社会福祉職専門職が検察庁に配置されることについて、福祉が司法の下請けになる恐れはないか、といった疑問を呈する専門家も少なくありません。この点は、次の項目で触れたいと思います。

2 「再犯予防」が目的化することの落とし穴

■福祉は権利であり強制されない

たとえば、検察庁は、高齢者または障害のある人で、不起訴や起訴猶予で社会に戻っていく人に対して社会福祉的サービスにつなげることをおこなっています。これは、施策④「犯罪をした者などの特性に応じた効果的な指導の実施のための取り組み」として位置づけられるものですが、起訴裁量権を持つ検察官が、起訴を猶予する代わりに福祉の支援を受けることを強制することにつながる可能性があります。

憲法25条（生存権）には

①すべて国民は、健康で文化的な最低限度の生活を営む権利を有する。

②国は、すべての生活部面について、社会福祉、社会保障及び公衆衛生の向上及び増進に努めなければならない。

と書かれています。これは国及び地方公共団体の社会福祉・社会保障などにおける公的責任を明らかにしており、個々人に「健康で文化的な最低限度の生活」を権利として保障する制度が社会保障であり、国は、福祉的な支援を提供する義務を負っているのです。ただし、それを受けるか否かは、本人の自由意思に基づいて決定されなければならないということです。検察官が福祉的支援をある種の処分として強制することになれば、人が本来持っている権利を侵害する恐れがあり、だからこそ、それを懸念する声が少なからずあるのです。こうした再犯防止の施策が、今後どのように進んでいくのか、十分に注目しておく必要があります。

■「再犯予防」は結果であって目的ではない

そもそも、「再犯予防」には大きな落とし穴があることを認識する必要があります。

「再犯予防」を目標として掲げるのは正しいことです。それが目的化してしまうと、その達成のためにはなんでもやってよいというような錯覚や魔術的な期待を生み出し、行き過ぎた施策がおこなわれてしまうからです。検察段階での福祉的支援も、再犯予防が目的化してしまえば、〝処分としての福祉的支援〟として、無自覚に強制することにつながってしまうのです。街頭カメラにしても、その抑止力が認められるからといって、闇雲につければよいという話ではありません。

諸外国でおこなわれている性犯罪歴のある人の情報を住民に告知する制度や社会内処遇になった人の行動制限や監視をする電子モニタリングも、その必要性や有効性が認められても、わが国に導入することの是非については、慎重に検討すべきでしょう。

一方で、犯罪に至る個人に目を向けると、その要因はその人の心理的・社会的次元にかかわるさまざまな問題があるわけで、それは少年事件にかぎらないものです。したがって、再犯予防は、こうした問題を解消していく結果として生じていくと考えられます。そういった発想がないと、厳罰化という方向に思考は進み、再犯を防ぐには長く刑務所に収容しておけばよいとなってしまいます。

たとえば、裕福なサラリーマン家庭の妻が何度も万引きを繰り返し、その動機もつかめないという事例があります。その後、この女性がクレプトマニアであったことが判明しました。クレプトマニア（Kleptomania）は、病的に万引きを繰り返す人で、アメリカ精神医学会の診断基準（ＤＳＭ–Ⅴ）に衝動制御の障害の1つとしてある医学的診断名です。

クレプトマニアは、個人的にほしいとかそれに金銭価値があるからという動機ではなく、物を盗もうとする衝動に抵抗できなくなることが繰り返されるところに特徴があり、直前の緊張や実行時の快感、満足、解放感が伴います。妄想、幻覚、反社会人格障害などの除外診断が必要ですので、医師の確定診断が不可欠です。この女性は、執行猶予中の再犯でしたが、治療を優先すべきとの判断から再度の執行猶予が選択されました。

このように非行や犯罪に至る直接的要因、背景的要因を明らかにして、適切な手段をとることが重要になってきます。つまり、最初から再犯防止ありきではなく、再犯防止のための方法論を十分に持ち合わせておく必要があります。

3　だれのための再犯防止か、だれのための更生か

■リラプス・プリベンション・モデルの導入と限界

日本では、２００６年から性犯罪者に対する再犯防止プログラムが本格的に導入されています。プログラムは、主としてカナダやアメリカでおこなわれてきた認知行動療法がベースとなっていますが、その中に「リラプス・プリベンション・モデル」(Relapse Prevention Model) という考え方があります。リラプス (Relapse) には「ぶり返す、再発する」という意味、プリベンションには「予防する、防止する」という意味があり、直訳すれば「再発予防モデル」となります。

リラプス・プリベンション・モデルは、本来、薬物への嗜癖に対する再犯防止のために考案されたものですが、性犯罪の場合も再犯率が高く、それはある種の嗜癖行動としてとらえられることから、このモデルが導入されました。認知行動療法という治療理論を背景として、物事のとらえ方(認知) とそれに伴う行動に着目し、性犯罪の場合にはそこに至るまでの認知と行動に特有の連鎖、パターンがあると考えられました。それが繰り返されるサイクルや行動の連鎖からどう離脱するのかが重要になってきます。

■リラプス・プリベンション・モデルの流れ

リラプス・プリベンション・モデルは、ワシントン大学のアラン・マーラット（Marlatt, G. Alan）によって開発されました。その基本的な考え方は次のようなものです。

①自分がどんな考え方や行動によって性犯罪に至ったかを丹念に振り返る。

②そのような考え方や行動が最終的に性犯罪につながっていくことを見出し、その連鎖の特有のパターンを見つける。

③②に類似した状況に陥ったとき、どのように抜け出していくのかを考える。

④③で考えた解決方法をノートに書き入れるなど、性犯罪に至らないための方法を自覚して実践できるようにする。

リラプス・プリベンション・モデルでは、このような流れで、自己モニタリングをし、再犯に結びつく危険な状況からの離脱を図っていきます。つまり、再犯に至らないことに焦点を当てた、言い換えれば、再犯リスクを低減させることに特化した治療教育プログラムです。

日本での取り組みの一部を紹介すると、たとえば、保護観察所では、「性犯罪等対象者」の類型に認定された仮釈放者及び保護観察付執行猶予者の男子を対象に実施しており、「自己の性的欲求を満たすことを目的とする犯罪にあたる行為を反復する傾向を有する保護観察対象者に対し、心理学などの専門的知識に基づき、性犯罪に結び付くおそれのある認知の偏り、自己統制力の不足などの自己の問題性について理解させるとともに、ふたたび性犯罪をしないようにするための具体的な方法

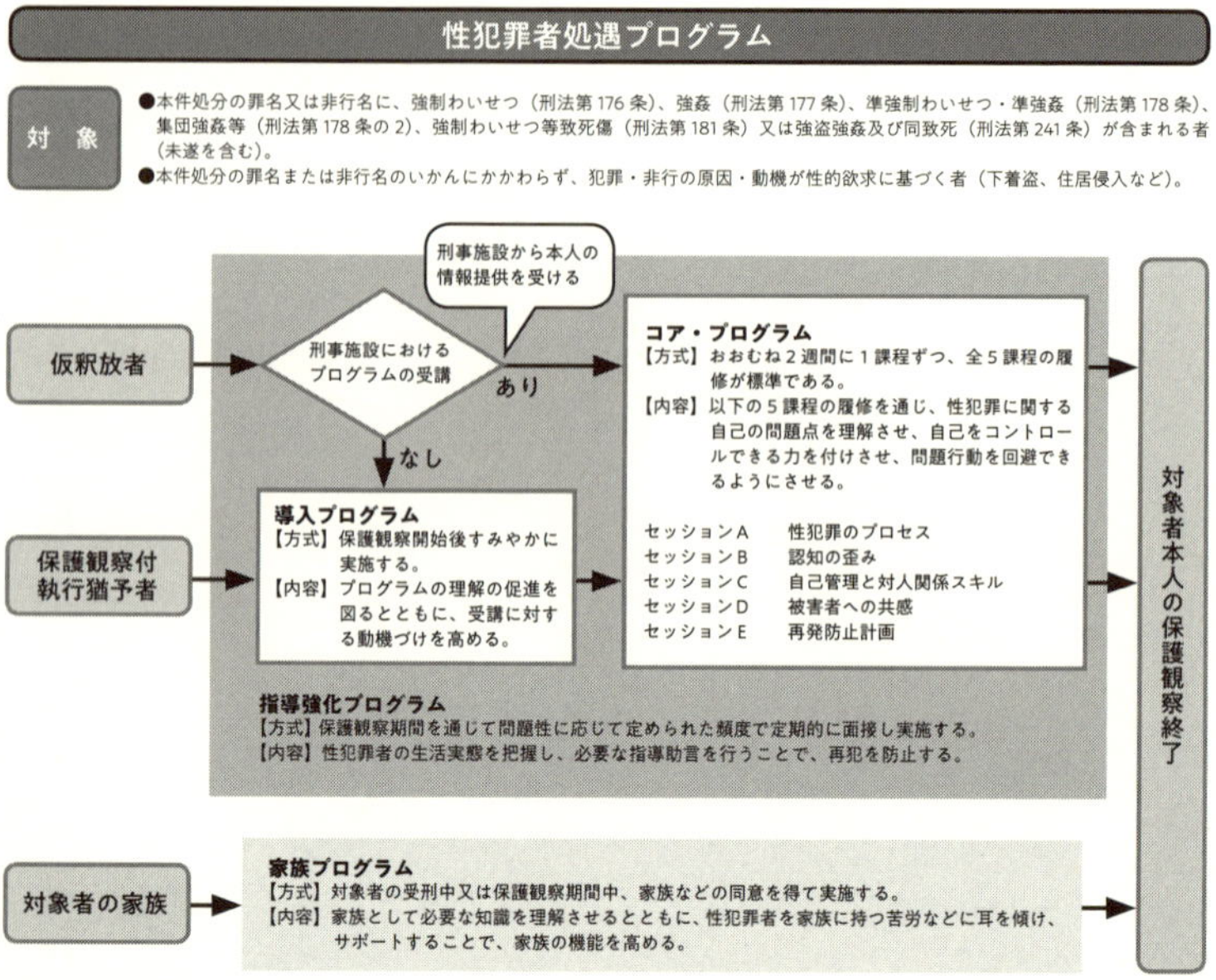

（注）法務省保護局の資料による。

図⑧　保護観察における性犯罪者処遇プログラムの概要（平成27年版『犯罪白書』）

を習得させ、前記傾向を改善することを目的としたもの」（平成27年版『犯罪白書』）とあります。

こうした取り組みの効果検証については、2012年12月、法務省保護局から、保護観察所において実施した性犯罪者処遇プログラムの効果を検証した調査の結果が公表されています。それによると、調査の対象は、コア・プログラムの受講群と非受講群で、受講群はコア・プログラムを修了した性犯罪者3838人（仮釈放者2528人、保護観察付執行猶予者1310人）、非受講群は性犯罪者処遇プログラムが未だ導入されていなかったためコア・プログラムを受講していない性犯罪者

410人（仮釈放者285人、保護観察付執行猶予者125人）です。

この受講群と非受講群の再犯の発生状況を追跡調査（最長4年）する方法でおこなわれました。その結果は、

①すべての再犯について受講群の方が非受講群よりも推定再犯率が低い
②性犯罪の再犯についても受講群の方が非受講群よりも推定再犯率が低い
③性犯罪の再犯を、強姦、強制わいせつ及びその他（下着盗、露出、窃視、児童買春など）の罪名別で見ると、いずれも受講群が非受講群よりも推定再犯率が低く、取り分け強制わいせつとその他は、統計的に有意に低い（平成27年版『犯罪白書』より）

というものでしたが、性犯罪者処遇プログラムだけではある種の行きづまり感が生じることも諸外国の研究から徐々に明らかになってきました。たとえば、性犯罪に至るプロセスを単純化してしまうきらいがあり、多様性に対応できないこと、性犯罪を回避することに重点が置かれているため社会生活上の改善意欲には結び付きにくいことなどが指摘されています。つまり、再犯防止ありきの治療プログラムという側面が強かったのです。

■グッド・ライブス・モデルへの注目

2000年以降注目されるようになっているのが、「グッド・ライブス・モデル」（Good Lives Model）です。グッド・ライブス・モデルでは、人生の質を上げていくこと、つまり、人生の目標を達成し、よりよい人生を築くことが、結果的に犯罪のリスクを下げると考えます。

たとえば、『グッドライフ・モデル――性犯罪からの立ち直りとよりよい人生のためのワークブック』（パメラ・M・イエイツ、デビッド・S・プレスコット、誠信書房、2013年）というワークブックは、「私のリスク要因」「犯行連鎖」「犯行経路」「リスク管理プラン」といった自分の犯行に関する項目と、「人生の目標」「自分自身の行動の管理」「私はどんな人になれるのか」「グッドライフプラン」といった人生設計に関する項目が2本立てになっていて、性犯罪に至る道筋から離脱してよりよい人生が送れるように設計されています。

■本人のための再犯予防が社会にとっての安心・安全につながる

性犯罪にかぎらず、非行や犯罪からの更生を目指す場合に、犯した罪に対する処罰は当然としつつも、究極的には、人生における自己実現をどのように図っていくのか、そのための社会的な支援体制を整備することが不可欠となります。犯罪被害者もしくは遺族からすれば、なかなか容認できないことかもしれません。

しかし、しかるべき処罰を受けた後、ふたたび社会に戻ったときに、社会の一員として、他のメンバーに迷惑をかけない行動をとってもらわなければなりません。したがって、犯罪者を処罰することだけにとどまらない社会の在り方も考えなければならないのです。

そう考えていくと、「だれのための再犯防止、だれのための更生なのか」という問いに対しては、「本人のためであると同時に、社会のためでもある」という答えが導き出されます。そして、「社会にとっての安心・安全」は、本人のための再犯防止があってこそ実現されていくのです。

■「社会の安心・安全」を実現する刑事司法の在り方

私は、成人の刑事事件においても、少年事件と同様に人間行動科学の視点から犯罪行為の解明をすることが不可欠と考えています。成人の事件では、責任能力を争う精神鑑定は広く国民に知られていますが、情状鑑定（心理鑑定）は数的に多くないこともあって、あまり知られていません。

裁判員裁判のように国民の司法参加がなされていることにも照らすと、少年の刑事事件や若年成人の事件では、原則として情状鑑定がなされ、事件の外形的な事実だけではなく、その背景やそれが事件に及ぼす可能性などについて専門家の知見を活用することがもっとなされてよいと思っています。

最近では、一部の弁護士の方たちは、そういった視点で情状鑑定を裁判所に請求していますが、必ずしも裁判所がそれに応じるわけでもないようです。そのような場合には、弁護人から心理学などの専門家に鑑定を依頼する私的鑑定といった方法が残されていますが、国選弁護人ですと鑑定費用をどのようにして捻出すべきかといった問題もあります。

また、私的鑑定では、拘置所における面接は通常の面会と同じアクリル板越しの面接となり、面接時間の制約もあります。裁判所からの命令による鑑定ですと、検察官や警察官が使用する部屋になりますのでアクリル板はありませんし、時間の制限もありません。アクリル板の存在は実施できる心理テストが相当かぎられてきますから、私的鑑定と裁判所依頼の鑑定とは雲泥の差があります。私的な鑑定がもっと活用できるような条件整備を進めていかないといけないと常々思っています。

■「責任非難の程度」を科学的に分析する

ここで誤解がないように言い添えますが、過酷な生育環境でその他の諸事情を抱えていれば、犯罪をしても許されるという主張ではありません。刑事裁判は、犯罪行為に伴う相応の責任をとらせるというのが基本的な考え方です。ただし、少年・成人を問わず、刑事裁判ではその責任をどの程度本人に帰すことができるのかという「帰責可能性（責任非難の程度）」については、科学的に分析していく必要があります。特に死刑が求刑される事件では、必要になります。

「帰責可能性」という概念は、犯罪行為は行為者の自由意思の所産であるとし、個々の行為に存在する悪しき意思に非難の根拠があるとする考え方によるものです。行為責任に対しては相応の非難がなされるべきであり、それに応じた刑罰を科すわけです。ただし、行為責任が100％本人の責任に帰すことができるかという点でいわゆる「情状」という考えが入ってきます。情状は、「同情すべき事情」ではなく、量刑上考慮すべき事項で、家庭環境や生育歴上の問題、本人の精神医学上、発達上の問題などを指します。当然、本人の反省の程度や被害弁済ができているかなども情状に含まれます。法的な観点だけではなく、情状鑑定のような人間行動科学の視点からも光を当てるべきではないかと考えています。

■「スーパー・デュー・プロセス」の導入を検討する

国際人権団体アムネスティの統計によると、2015年現在で、死刑制度を法律上もしくは事実上廃止している国は140カ国、死刑執行している国は25カ国です。日本は死刑執行国です。死刑制度の是非は別途議論するとして、この究極の刑をめぐって争う場合には、死刑を回避すべき事情があるのか否かを十分調査すべきだと思います。

死刑制度を持つアメリカでは、最高裁判決の積み重ねの中で、死刑事件では広範な減軽事情の調査が弁護人に義務づけられています。死刑は特別な刑罰であるため、適正手続きが手厚く保護されなければならないとする「スーパー・デュー・プロセス」(超適正手続き)が保証され、減軽事情の調査は弁護人だけではなく、それを専門とする専門家によっておこなわれます。

これらの人たちは、多くはソーシャルワーカーですが、減軽専門家(Mitigation Specialist)と呼ばれ、弁護人事務所のスタッフの一員として社会調査を担っています。日本では、このようなスーパー・デュー・プロセスという特別の手続きがありませんが、今後、類似のシステムを導入していく必要があります。

▩真の共生社会を目指して

日本の少年法、そして、少年司法システムは、世界に誇れるものです。教育を主体として少年の更生を目指す少年司法の理念を大人の刑事司法に当てはめることはできませんが、応報刑を主とした刑事司法の限界が見えていることは間違いないところです。それだからこそ、再犯防止のための施策が模索され始めているわけです。

刑事司法においては、行為責任論に基づく刑罰が柱であり、それは、恣意的な判断を許さず、国民にとって公平性を担保しうるシステムでもあるわけですが、その一方で、犯罪に至るさまざまな要因を十分に取り扱ってこなかったのではないかと思います。

最近の世界的トレンドの1つとして、治療的法学（Therapeutic Jurisprudence）という理念が広がりを見せています。「治療」という言葉を使っていますが、病院の治療に乗せるといった意味ではなく、応報以外のさまざまな援助システムを司法という枠組みの中で考えていこうというものです。

日本でも治療的法学の観点に立って活動している弁護士の方もおられます。刑事司法手続き全体を見渡したときに、刑事裁判が始まる段階でおこなう入口支援や刑事施設を退所して社会復帰する時点でおこなわれる出口支援は、治療的法学に通じる実践といえるでしょうし、入口から出口までの一貫した支援体制が体系化されているとはいえない現状もあります。さまざまな支援を考えていくにしても、どのような支援が適切なのかといったアセスメントは不可欠です。そういう意味では、法律家だけではなく、心理学や社会福祉学の専門職が刑事裁判手続きにかかわっていく意味は大きいと考えています。

私のような情状鑑定で刑事裁判にかかわる機会が多い立場からすると、もっと、情状鑑定が活用されてよいと思っています。死刑求刑事件だけでなく、少年の刑事事件に関しては、必ずおこなうようなシステムを導入していくべきと考えています。

その際には、裁判所からの鑑定命令だけではなく、弁護側の依頼でおこなう私的鑑定が活用されなければならず、鑑定面接をする場所の確保、鑑定時間の確保、鑑定料金の問題もクリアしなければばなりません。さらには鑑定ができる専門家の育成も急務になります。

犯罪を起こした人に対して、私たちはどこか別の国の人というようなとらえ方をしがちです。しかし、少年・成人いずれの事件も私たちの社会の中で起こっていますし、非行少年と呼ばれる少年たちは、同年代の子どもたちと変わらぬ長所もたくさん持っているのです。

刑事司法にかぎる話ではありませんが、必要な支援を受けられる社会という在り方を考えていく必要があります。「セカンド・チャンス」という言葉がありますが、犯罪に至った人がその後に社会復帰して社会の一員として個々の役割を果たすとともに幸せを獲得していく。理想論といわれるかもしれませんが、そうしたよい循環を生み出していくことを目指したいと思います。そのためには、犯罪に至った人が社会復帰するまでの有効な支援システムを構築していく、それが結局は社会にとって安心や安全を実現するための近道だと思っています。

私たちは、「加害者」と「被害者」の間に立ちながら、どちらにも引き裂かれることなく、天秤のごとく両者のバランスを考え、司法の在り方を模索し続けていく、そんな姿勢が求められるのではないでしょうか。

あとがきにかえて

２０１７年6月12日、私は、ソーシャル・ジャスティス基金（ＳＪＦ）が主催するアドボカシーカフェ第49回『「少年法18歳未満」から考える　大人ってなに？　子どもってなに？』において、研究仲間である立正大学の丸山泰弘さん（刑事政策が専門）とともに少年非行についてお話をする機会がありました。そのとき、聴衆の一人であったのが合同出版の植村泰介さんで、その後、「一般向けの少年非行に関する本をまとめてみませんか」とのお声をかけてくださったことから本書が生まれました。

私は、家庭裁判所調査官として28年間ほど少年事件や家事事件の調査実務にあたってきました。大学に移ってからは、刑事裁判における情状鑑定に携わるようになり、少年事件の実務から離れたとはいえ、刑事裁判に付された少年たちと面接する機会が続いています。また、スクールカウンセラーのスーパーバイザーとして、小中学校における不登校、自傷行為、いじめその他さまざまな問題に接する中で、子どもたちの健全育成というテーマをより強く考えるようになりました。こうした経験は私自身の臨床の幅を広げてくれた一方、その基礎は家庭裁判所時代に受けた訓練と経験があってこそと改めて認識しました。

特に駆け出しのころ、少年事件の指導担当者だったＨ氏（故人）は、理論や技法の細かなことは教えてくれませんでしたが、人間観や家庭裁判所調査官としての哲学を学ぶことができました。酒席になると、「少年を理解するなんて簡単に口にするな。調査では、調査官自身がいつも問われていることを忘れるな」が口癖でした。

Ｈ氏から受けた薫陶は、当時の私には難し過ぎて半分も理解できなかったと思います。しかし、その後経験を積んでいく中で、Ｈ氏の言葉をかみしめ、私なりに意味が理解できるようになり、徐々に自分の中で息づいていることを知りました。私の心の中にＨ氏がおり、迷ったとき、困ったときにいつも対話しながら今日まで至ったと思います。

本書は、そうした自分自身を振り返りつつ、戦後に生まれた少年法が築き上げてきたシステムやその実情について、法律家ではない人間行動科学の実務家としての目線で描こうとしたものです。そうはいっても、執筆の着想を抱いてから1年半以上の月日が経ってしまいました。それは、忙しさにかまけていた私の怠慢によるところが大きいのですが、そんな私を辛抱強く見守り、編集者としての的確な助言とともに熱い励ましをしてくれた植村さんの存在なくしては、本書の誕生はありませんでした。また、上野社長や植村さんの後任となられた上村さんには、最後までお世話になりました。ここに深く謝意を表したいと思います。

須藤　明

参考文献（主なもの）

・安倍嘉人・山﨑　恒（2018）「少年法適用年齢の引き下げについて考える」家庭の法と裁判、No16、57-70

・Fagan, J.A.（1996）「The comparative advantage of juvenile versus criminal court sanctions on recidivism among adolescent felony offenders. Law and Policy 18:77-113.」

・Justice Policy Institute(2017).[REPORTS 2017] Raise the Age,（Retrieved March 1,2019, from http://www.justicepolicy.org/uploads/justicepolicy/documents/raisetheage.fullreport.pdf）

・河原俊也編著（2017）『ケースから読み解く少年事件――実務の技』青林書院

・法制審議会－少年法・刑事法（少年年齢・犯罪者処遇関係）部会議事録（Retrieved March 28,2019, from http://www.moj.go.jp/shingi1/housei02_00296.html）

・Redding,R.E.(2010)「Juvenile Transfer Laws: An Effective Deterrent to Delinquency?」
(Retrieved October 31,2018 https://www.ncjrs.gov/pdffiles1/ojjdp/220595.pdf)

・齊藤万比古編（2013）『素行障害――診断と治療のガイドライン』金剛出版

・Steen,C.(1993)「The Relapse Prevention Workbook for Youth in Treatment」The Safer Society Press

・Steinberg,L., Cauffman,E., Wooland,J., Graham,S.,& Banich,M.(2009)「Are Adolescents Less Mature Than Adults?」American Psychologist October 2009,583-594

・須藤明（2018）「情状鑑定の実践からみた青年像」青少年問題第 671 号，34-41

・須藤明，岡本吉生，村尾泰弘，丸山泰弘編著（2018）『刑事裁判における人間行動科学の寄与――情状鑑定と判決前調査』日本評論社

・須藤明（2018）「『若年者に対する新たな処分』の批判的検討」家庭の法と裁判 No17，10 － 16

・友田明美 (2017)「脳科学・神経科学と少年非行」犯罪社会学研究 42，11-18

・United Nations(1990)「United Nations Guidelines for the Prevention of Juvenile Delinquency」(Retrieved March 1,2019,from https://www.un.org/documents/ga/res/45/a45r112.htm)

・山口直也（2017）「脳科学・神経科学の進歩と米国少年司法の変容，そしてわが国への影響」犯罪社会学研究第 42 号，4 － 10

・Yates,M.P. & Prescott,S.D.(2011)『Building A Better Life：A Good Lives and Self-Regulation Workbook』(藤岡淳子監訳（2013）『グッドライフ・モデル』誠信書房)

その他（統計）

・平成 27 年版『犯罪白書』(法務省法務総合研究所)

・平成 28 年版『犯罪白書』(法務省法務総合研究所)

・平成 29 年版『犯罪白書』(法務省法務総合研究所)

・司法統計（最高裁判所)

■著者

須藤　明（すとう・あきら）

駒沢女子大学人間総合学群心理学類教授、元広島家庭裁判所次席家庭裁判所調査官。

専門は犯罪心理学、家族心理学。

臨床心理士、公認心理師、さいたま市スクールカウンセラー・スーパーバイザー。

裁判所職員総合研修所研究企画官、広島家庭裁判所次席家庭裁判所調査官などを経て、2010年から現職。

各種の少年犯罪の鑑定を手掛け、近年では「川崎市中1男子生徒殺害事件」（2015年2月）で、弁護側の依頼によって被告（少年X）の心理鑑定をおこない、法廷で証言した。

主な業績として、「情状鑑定を通してみた弁護人と心理臨床家の協働・連携」（駒沢女子大学研究紀要23号、2017年）、『刑事裁判における人間行動科学の寄与』（共著、日本評論社、2018年）などがある。

組版　Shima.
装幀　守谷義明＋六月舎

少年犯罪はどのように裁かれるのか。

成人犯罪への道をたどらせないために

2019年7月20日　第1刷発行

著　者　須藤　明
発行者　上野良治
発行所　合同出版株式会社
東京都千代田区神田神保町1-44
郵便番号　101-0051
電話　03（3294）3506
振替　00180-9-65422
ホームページ　http://www.godo-shuppan.co.jp/

印刷・製本　恵友印刷株式会社

■刊行図書リストを無料進呈いたします。
■落丁乱丁の際はお取り換えいたします。

ISBN978-4-7726-1378-1　NDC 368　188 × 130